KB220952

입 대 증 명 서

이 름	
생년월일	년 월 일생
본 적	
사용 베이스	
베이스 경력	
특 기	사 진

이 '입대 증명서'로 본 부대의 입대를 허가한다.

지옥의 타깃

컨텐츠

The Inferno 4

격철 태핑 대혈전 [태핑 엑서사이즈]

The Inferno 5

전격 지옥 섬에서 대탈출 [종합연습곡]

CD TRACK 에 대해서 이 책에는 모범연주를 수록한 DISC1과 베이스 트랙이 빠진 반주만 수록한 DISC2로, 총 2장의 CD가 들어있다.
각 엑서사이즈의 CD트랙번호는 DISC1&DISC2 모두 같다.

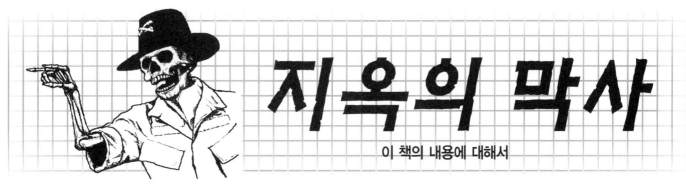

지옥의 막사

이 책의 내용에 대해서

각 엑서사이즈 페이지를 읽는 방법의 설명이다. 당장 악보를 보고 연주하고 싶은 마음은 이해하지만,
효율적이면서 효과적인 트레이닝을 위해 페이지 구성을 확인해두자!!

연습 페이지의 구성

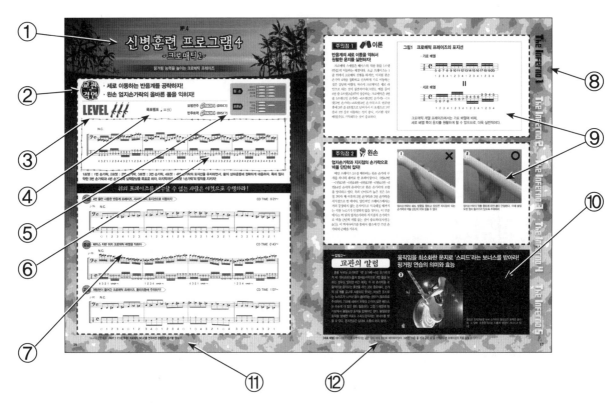

① **프레이즈 타이틀** : 저자의 위트가 담긴 메인 타이틀과 프레이즈
　내용을 정확하게 나타낸 서브 타이틀

② **교관의 격언** : 이 페이지의 프레이즈를 연주할 때의 주의점과 연
　주하면 향상되는 테크닉을 정리

③ **LEVEL** : 프레이즈의 난이도를 나타낸다. 5단계로 나뉘어있으며
　총이 많을수록 난이도는 높아진다

④ **목표 템포** : 최종목표 템포. 부록CD에 수록된 데모음원은 모두
　이 템포다

⑤ **테크닉 그래프** : 메인 프레이즈를 연주하면 왼손&오른손의
　어떤 포인트를 단련할 수 있는지 나타낸다
　(상세한 것은 오른쪽 페이지 참조)

⑥ **메인 프레이즈** : 이 페이지에서 가장 난이도가 높은 프레이즈

⑦ **연습 프레이즈** : 메인 프레이즈를 마스터하기 위한 3가지 연습
　프레이즈. 가장 간단한 초보자용이 '초급'이며 '중급', '고급' 순서
　로 난이도가 올라간다

⑧ **인덱스**

⑨ **주의점** : 엑서사이즈 프레이즈의 해설. 왼손, 오른손, 이론의 3
　가지로 분류되어있으며 각각의 아이콘으로 표시된다(상세한 것은
　오른쪽 페이지 참조)

⑩ **칼럼** : 메인 프레이즈와 관련된 테크닉과 이론, 프로 베이시스트
　등의 명음반 등을 소개

⑪ **관련 프레이즈** : 이 페이지의 연습과 관련된 지옥 시리즈
　PART.1&PART.2(DVD편)의 엑서사이즈를 소개(지옥 시리즈의 라
　인업은 P.127을 참조). 더욱 실력을 향상시키고 싶은 사람은 이미
　나온 시리즈의 해당 페이지로 GO!

⑫ **주** : 키워드 해설. 음악용어부터 짧은 격언을 기재했다

테크닉 그래프에 대해서

테크닉 그래프는 메인 프레이즈를 연주하면 어떤 점이 향상되는지 나타낸 것이다. 수치는 3단계로 나뉘어져 있으며, 수가 늘어날수록 난이도가 높고 해당된 요소를 중점적으로 단련할 수 있다. 자신의 약점에 특화된 연습 프레이즈를 찾을 때 참고하자.

테크닉 : 슬라이드, 해머링&풀링 등의 테크닉을 어느 정도 사용하는지 나타낸다
스트레치 : 스트레치의 폭과 빈도수를 나타낸다
컨트롤 : 핑거링의 정확성을 나타낸다
내구력 : 왼손의 근력을 어느 정도 사용하는지 나타낸다

테크닉 : 3핑거, 태핑 등의 테크닉을 어느 정도 사용하고 있는지 나타낸다
리듬 : 리듬의 복잡함을 나타낸다
컨트롤 : 피킹의 정확성을 나타낸다
내구력 : 오른손의 근력을 어느 정도 사용하는지 나타낸다

주의점의 아이콘에 대해서

엑서사이즈 프레이즈의 해설은 왼손, 오른손, 이론의 3가지로 분류되어 각각의 아이콘으로 나타낸다. 해당 프레이즈에서는 왼손, 오른손, 이론 중, 어느 부분이 포인트인지 해설해서 더욱 집중해서 엑서사이즈를 할 수 있다. 해설을 읽을 때에는 이 아이콘도 함께 확인하자.

엑서사이즈 프레이즈에서 사용하는 핑거링, 슬라이드, 해머링&풀링 등의 테크닉에 대한 해설

엑서사이즈 프레이즈에서 사용하는 피킹에 대한 해설

엑서사이즈 프레이즈에서 사용하는 스케일과 코드, 리듬 등에 대한 해설

모범연주 부록음원과 MIDI데이터 다운로드

부록음원은 저자 MASAKI에 의한 모범연주(DISC1)와 반주(DISC2)로 구성되어있다. 이 모범연주를 들으면서 악보만으로는 이해하기 힘들었던 리듬과 세밀한 피치 등을 파악하자.

부록음원은 폴더 DISC1&DISC2 모두 다음과 같은 순서로 구성되어있다.
○카운트→○메인 프레이즈→○카운트→○초급 프레이즈→○카운트→○중급 프레이즈→○카운트→○고급 프레이즈

SRMUSIC 홈페이지(https://www.srmusic.co.kr/)의 '커뮤니티/파일 다운로드' 또는 모바일 'COMMUNITY/파일 다운로드'에서 부록음원과 MIDI데이터를 다운로드할 수 있다. MIDI데이터를 다운로드하면 프레이즈의 템포를 자유롭게 설정할 수 있다. MIDI데이터를 다룰 수 있는 프로그램을 가진 분은 이용해보기 바란다. MIDI데이터 형식은 스탠더드 MIDI파일(.smf)이다.

'커뮤니티/파일 다운로드'에서 부록음원과 MIDI파일을 다운로드할 수 있다.

이 책을 110% 활용하는 방법

이 책은 독자가 자신의 수준에 맞춰 읽을 수 있도록 구성되어있다. 기본적으로 가장 어려운 메인 프레이즈를 마스터하기 위해서 '초급' 프레이즈부터 연주를 시작하는 것이 좋다. 하지만, 초보자는 각 페이지의 '초급' 프레이즈만 연습하는 것을 권장한다. 반대로 실력에 자신이 있는 독자는 가장 어려운 메인 프레이즈만 연주해도 좋을 것이다. 맨 첫 프레이즈부터 순서대로 연주하는 것이 아니라 자신의 약점이라고 생각되는 프레이즈만 선택해서 연습해보는 것도 좋다. 전체적으로 지옥시리즈 PART.1&PART.2와 관련된 프레이즈가 많으므로 이미 발간된 시리즈를 가지고 계신 분은 함께 보면서 트레이닝을 하면 실력향상이 더욱 빨라질 것이다(물론 PART.1&PART.2가 없는 분도 이 책으로 충분히 트레이닝을 할 수 있다. 하지만, 열정이 넘치는 분은 이미 발간된 시리즈를 꼭 이용하기 바란다). 이 책에는 와이드 스트레치나 운지가 복잡한 프레이즈가 많으므로 연습 전에는 손가락 스트레치를 확실하게 해서 건초염 등의 부상을 당하지 않도록 주의하자.

지옥의 작전지도

트레이닝 인덱스

대원 여러분의 목표에 맞는 엑서사이즈 메뉴를 소개하겠다. 막연한 연습으로는 실력향상이 되지 않는다. 자신이 목표로 하는 스타일에 적합한 연습을 해서 효과적으로 레벨업하자!

1 기초실력을 탄탄하게 다지고 싶다!

'초절정 베이스'라는 이름의 전쟁터에서 살아남기 위해서는 베이시스트로서의 기초를 단단히 다져두는 것이 중요하다. 먼저 왼손과 오른손의 운동능력과 정확성을 높이기 위해서 크로매틱 등의 스케일 연주와 스트레치 계열 엑서사이즈, 아르페지오 계열 프레이즈로 양손을 단련하자. 발전 테크닉의 등용문이라 할 수 있는 슬랩과 레이킹의 기초 트레이닝도 해야 한다. 기초연습이라고 우습게 보면 나중에 반드시 큰 코 다친다. 서두르지 말고 꾸준한 수행을 하자.

STEP 1
기초 확인!

STEP 2
응용 연습!

STEP 3
발전기술에 도전!

2 리듬감과 그루브를 향상시키고 싶다!

베이시스트에게는 드러머와 함께 밴드의 뼈대를 맡는다는 중요한 미션이 있다. 때문에 테크니컬한 플레이를 지향하는 '초절정 베이시스트'라도 안정된 리듬 플레이로 멋진 그루브를 내야만 한다. 8비트, 16비트, 셔플 등 다양한 리듬 패턴을 연주하면서, 곡의 양념 역할을 하는 뮤트와 펑키한 필링을 가진 슬랩, 리드미컬한 퍼커시브 태핑 등을 익혀서 그루브 마스터가 되자!

STEP 1
기초 확인!

STEP 2
응용 연습!

STEP 3
발전기술에 도전!

3 ## 고속 프레이즈를 공략하고 싶다!

'초절정'을 목표로 하는 이 책의 독자에게 '속주'는 영원한 숙제가 될 것이다. 베이스 고속 피킹의 대명사로 '기타 죽이기'의 필살 테크닉인 3핑거를 마스터하라! 그리고 한 번의 피킹 동작으로 여러 줄을 연주할 수 있는 레이킹과 5핑거 스위프 등을 연습해서, 불필 요한 동작이 적은 피킹 동작도 배우자. 고속 플레이는 양손의 움직임이 싱크로되어야 비로소 성립된다. 양손의 타이밍을 정확히 맞추기 위해 느린 템포부터 트레이닝을 시작하자.

 ### STEP 1
기초 확인!

P.28 신병훈련 프로그램 10 ~바레~
P.54 무적의 히트맨 '3핑거' NO.1
P.56 무적의 히트맨 '3핑거' NO.2
P.58 무적의 히트맨 '3핑거' NO.3

 ### STEP 2
응용을 연습!

P.62 필살 레이킹으로 모조리 쓸어버려라! 두 번째 타격
P.64 필살 레이킹으로 모조리 쓸어버려라! 세 번째 타격
P.66 작열하는 합체 공격!
P.102 불타올라라! 영혼의 라이트 핸드 제1격

STEP 3
발전기술에 도전!

P.68 최종병기 '3핑거 Z' 1호
P.70 최종병기 '3핑거 Z' 2호
P.104 불타올라라! 영혼의 라이트 핸드 제2격
P.116 자욱한 연기 속의 지옥탕

4 ## 화려한 플레이를 하고 싶다!

다른 베이시스트를 압도하는 유일무이한 최강 베이시스트가 되기 위해서는 고정관념을 타파하는 다채로운 플레이를 할 수 있어야만 한다. 멜로딕, 라이트 핸드, 보스핸드 등의 각종 태핑과 3풀&4풀을 활용한 발전 슬랩 그리고 코드 연주 등의 고난이도 엑서사이즈 로 자신의 실력을 철저하게 연마해 베이시스트로서 플레이할 수 있는 한계를 뛰어넘어라! 좋아하는 테크닉만 반복하지 말고, 다양한 테크닉은 물론 어떠한 역경에도 지지 않는 강인한 정신력을 소유하게 될 것이다.

 ### STEP 1
기본을 확인!

P.84 전장을 울리는 양손 하모니 제1번
P.88 하늘을 찌르는 반역의 멜로디 제1번
P.90 하늘을 찌르는 반역의 멜로디 제2번
P.98 총사령관 '빅 보스핸드'의 역습

STEP 2
응용을 연습!

P.50 분노의 슬랩 토벌 작전
P.78 화염의 특수부대 '핑거 4소대'
P.106 불타올라라! 영혼의 라이트 핸드 제3격
P.108 불타올라라! 영혼의 라이트 핸드 제4격

STEP 3
발전기술에 도전!

P.48 위협적인 연속 어택
P.80 기적의 특수부대 '핑거 5소대'
P.92 하늘을 찌르는 반역의 멜로디 제3번
P.120 지옥에 피는 꽃

지옥의 신병 교육대로 입소하는 그대에게
~머리말~

제1탄인 〈지옥의 메커니컬 베이스 트레이닝〉은 필자의 초절정 테크닉을 독자 여러분에게 적나라하게 소개한 책이었다. 3핑거를 비롯하여 태핑과 플라멩코 주법 등의 특수 주법이 다수 수록된, 베이스에 대한 '애정'이 넘치는 내용이었다고 생각한다.

제1탄에 대한 독자들의 반응이 뜨거워 필자의 특수 테크닉을 영상으로 보고 싶다는 요청을 많이 받았다. 그에 따라 제작한 것이 제3탄 〈흉악DVD로 강림! 마신의 침략편〉이었다. 여기에는 제1탄의 인기 엑서사이즈를 중심으로 새로이 만든 프레이즈와 종합연습곡이 수록되어 있다.

제2탄인 〈파괴와 재생의 클래식 명곡편〉은 '유명한 클래식 작품들을 베이스로 어떻게 연주할 것인가?'가 테마였으며, 클래식의 장대한 세계관을 베이스로 잘 표현하는데 성공했다고 생각한다. 감상용 음악으로 들을 수 있을 정도의 퀄리티이기 때문에 난이도는 시리즈 중에서도 가장 높다.

그리고 제4탄으로 발표하는 것이 바로 〈입대편〉이다. 제1탄이 출판된 지 4년(일본 기준)이 흐르는 동안 필자는 한 가지 확신을 하게 되었다. 그건 베이시스트들의 '테크닉'에 대한 흥미가 더욱 강해졌다는 것이다. 예전처럼 한발 물러서서 밴드 전체의 뼈대를 잡아주는 것만으로는 부족함을 느끼고 '플러스 알파의 테크닉'을 추구하는 베이시스트가 많이 늘어났다. 이미 시대가 움직이기 시작했다고 해도 과언이 아니다. 그래서 이번에는 테크닉을 향상시키고 싶은 모든 베이시스트를 위해, 원점으로 되돌아가 MASAKI 스타일의 테크닉을 더욱 초보적인 어프로치로 강의할 생각이다. 초절정 테크닉의 원점은 바로 여기에 있다. 다시 한 번 각오를 다지고 도전해보기 바란다!!

The Inferno 1

일격

신병의 분투

[베이식 엑서사이즈]

초절정 베이시스트를 목표로 하고 있는 신병 여러분, 지옥의 전장에 온 것을 환영한다!
지금부터 여러분의 목숨을 건 전투가 시작될 것이다. 손가락과 마음의 준비는 되었는가?
베이스의 기본 연주를 하지 못하면 이 전쟁터에서 살아남을 수 없다.
우선 1&2핑거 엑서사이즈와 크로매틱 프레이즈를 연주하며
베이시스트로서의 기초 스킬을 익히기 바란다.
초급 엑서사이즈라고 우습게보지 말고 전력을 다해 수행하자!

1

신병훈련 프로그램1
~1핑거~

8비트 1핑거 트레이닝

· 베이스 연주의 기초가 되는 1핑거를 익히자!
· 오른손 뮤트를 익히자!

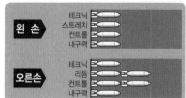

LEVEL

목표템포 ♩=124

모범연주 TRACK 1 (DISC1)
반주트랙 TRACK 1 (DISC2)

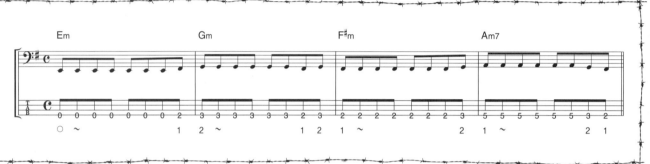

1핑거 피킹만으로 연주하는 8비트 프레이즈. 손가락 하나로 피킹하면 음량이 일정해지고, 피크로 연주하는 것 같은 테누토 느낌을 낼 수 있다. 시험 삼아 2핑거로도 연주해보고 두 피킹의 차이를 확인하자.

위의 프레이즈를 연주할 수 없는 사람은 이것으로 수행하라!

초급 우선 오른손 1핑거 피킹에 익숙해지자 · CD TIME 0:15~

중급 1번 손가락으로 피킹한 후, 손가락을 바로 원래 위치로 되돌려 뮤트를 하자 · CD TIME 0:30~

고급 중급 프레이즈에 지남음을 넣은 프레이즈. 리듬이 흐트러지지 않도록 주의하자 · CD TIME 0:43~

No.1과 관련해서…PART.1 P.52「에이트 란 이름의 왕도」를 연주하면 경험치가 증가할 것이다!

주의점 1 🖐 오른손

피킹 후에 1번 손가락을
원래 위치로 재빨리 이동시키자!

기본적으로 록 베이스는 음을 짧게 끊지 않고 늘이는 경우가 많기 때문에, 피크 연주에서는 얼터네이트가 아닌 다운만으로 연주하는 경우가 많다. 손가락 연주의 경우, 1핑거 피킹을 사용하면 다운 피킹과 비슷한 느낌을 낼 수 있을 것이다(2핑거에서는 자연스럽게 뮤트를 하게 되지만, 손가락 하나로 연주하면 테누토[주] 느낌의 사운드가 된다). 연주할 때는 줄을 피킹한 후에 1번 손가락을 원래 위치로 재빨리 되돌려, 바로 다음 줄을 피킹할 수 있도록 하자(사진①~④). 1핑거는 슬로우~미디엄 템포에 적합한 연주법이므로 반드시 마스터하자.

1핑거의 기본동작. 먼저 1번 손가락을 줄에 대고

업으로 피킹한다

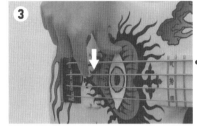

피킹 후에는 손가락을 재빨리 내려서

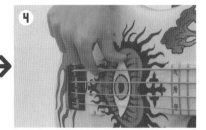

다시 1번 손가락을 줄에 대자

주의점 2 🖐 오른손

손가락을 줄에 대서
쉼표를 정확하게 지키자!

먼저 1핑거 피킹의 기본적인 연주방법을 익히자. 초급 프레이즈에서는 각 음을 충분히 늘이면서 피킹하자. 중급 프레이즈는 초급 프레이즈에 쉼표를 넣은 패턴이다. 피킹 후에 손가락을 바로 원래 위치로 돌리면서 줄에 대고 뮤트를 하자(사진⑤~⑧). 이때 쉼표의 타이밍을 정확히 지키기 바란다. 고급 프레이즈는 중급 프레이즈에 지남음을 넣은 패턴이다. 메인 프레이즈에도 지남음이 들어가므로 리듬이 흐트러지지 않게 1핑거 피킹을 하자. 그루브를 중시하는 것도 잊지 말아야 한다.

1핑거로 업 피킹한 후에

재빨리 1번 손가락을 원래 위치로 되돌린다

1번 손가락을 4번 줄에 대면서 뮤트를 한다

쉼표 후에 다시 피킹한다

~칼럼 1~
교관의 칼럼

초절정은 하루아침에 이루어지지 않는다!
기초의 중요성을 재확인하자

'세 살 버릇 여든까지'라는 속담이 있듯이 악기 연주의 테크닉을 연마할 때에 기초는 매우 중요하다. 기초가 제대로 되어 있지 않아 실력이 늘지 않거나, 벽에 부딪히는 경우가 있다. 화려한 태핑과 속주는 스포츠로 예를 들면 올림픽 수준의 테크닉이다. 이런 올림픽 선수들도 기초 트레이닝을 쌓아서 조금씩 자신의 한계를 뛰어넘으면서 일반인을 능가하는 실력을 갖추게 되는 것이다. 베이스를 시작한지 얼마 안 되는 사람이라면 우선 기초를 다지자. 베이스를 이미 연주하고 있다면 원점으로 되돌아가서 기초를 재확인하자.

기초를 소홀히 하는 사람에게 '초절정'의 길은 열리지 않는다. 이 책을 활용해서 기초를 다지자.

[테누토] 해당하는 음의 길이를 충분히 늘이는 것이다. 악보 상에서 음표 위에 '–'의 기호를 붙여서 나타낸다. 참고로 음을 짧게 끊는 것은 스타카토라고 하며, 음표 위에 '·'을 붙여서 나타낸다.

2

신병훈련 프로그램2
~2핑거~

줄 이동을 사용한 2핑거 엑서사이즈

· 음량을 일정하게!
· 줄 이동 때에 엄지손가락을 정확하게 움직이자!

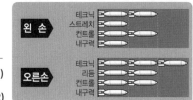

LEVEL 🔫🔫   목표템포 ♩=164   모범연주 TRACK 2 (DISC1)
반주트랙 TRACK 2 (DISC2)

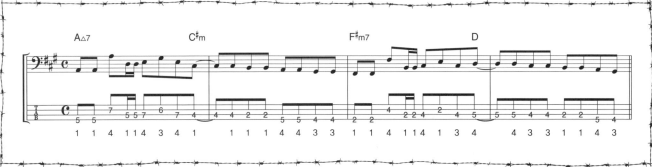

1소절 1~2박자 째는 줄 뛰어넘기 피킹이다. 2번 줄을 피킹할 때, 실수로 4번 줄이 울리지 않게 하기 위해서는 엄지손가락을 4번 줄 위에 얹고 뮤트를 하자.
2&4소절 째 싱커페이션의 타이밍에 주의하는 것 또한 중요하다.

위의 프레이즈를 연주할 수 없는 사람은 이것으로 수행하라!

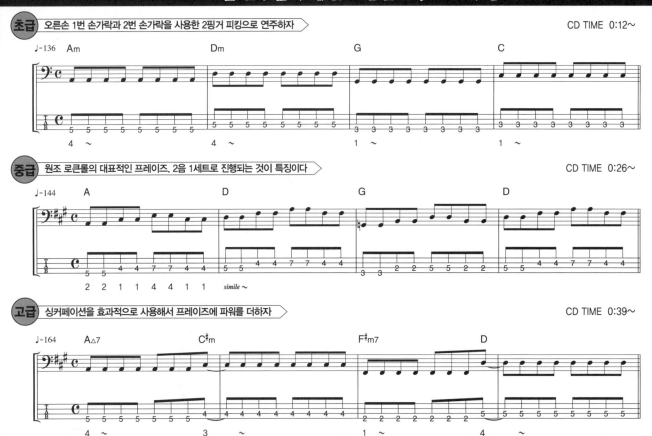

No.2와 관련해서…PART.1 P.54 [먹고 먹고 또 먹어라!]를 연주하면 경험치가 증가할 것이다!

주의점 1 　🖐오른손

오른손 1번 손가락과 2번 손가락의 위치를 고르게 맞추자

　P.10에서는 1핑거 피킹을 연습했으니, 이번에는 2핑거 피킹을 연습해보자. 2핑거에서 제일 먼저 부딪히는 벽은 일정한 음량으로 연주하는 것이다. 이 문제를 해소하기 위해 컴프레서와 리미터 [주] 등의 이펙터를 사용하는 방법도 있다. 하지만 이펙터에 의존하지 않고도 제대로 된 피킹을 익히면, 음량의 차이를 해소할 수 있다. 손가락 연주에서는 1번 손가락과 2번 손가락의 길이 차이가 문제가 된다. 오른손을 똑바로 아래로 내리면 2번 손가락이 1번 손가락보다 더 아래로 내려온다(사진①). 이 상태로 피킹하면 줄에 닿는 손가락의 깊이가 바뀌기 때문에 음의 크기에 차이가 발생한다. 1번 손가락과 2번 손가락을 브릿지 쪽으로 기울이면 줄과 두 손가락의 위치를 고르게 맞출 수 있다(사진②). 1번 손가락과 2번 손가락의 위치를 맞췄다면, 다음은 오른쪽 팔꿈치를 보디에 올리자(사진③). 팔꿈치가 보디에서 떨어지면 엄지손가락만으로 팔을 지탱하게 되어, 피킹이 불안해지므로 주의하자(사진④).

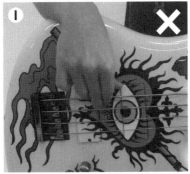

손가락을 수직으로 내리면 1번 손가락에 비해 2번 손가락 쪽이 아래에 위치한다. 이 상태로는 일정한 음량으로 연주할 수 없다

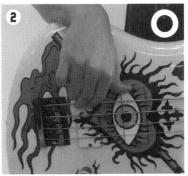

1번 손가락과 2번 손가락을 브릿지 쪽으로 기울여서 손가락의 위치를 고르게 맞추자

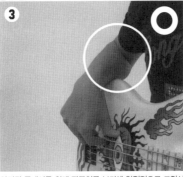

안정된 플레이를 위해 팔꿈치를 보디에 안정적으로 고정시키는 것이 중요하다

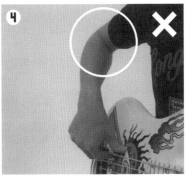

팔꿈치를 보디에 고정시키지 않으면 오른손이 불안해진다. 연주하기 힘들어지므로 이러한 폼이 되지 않도록 주의하자!

주의점 2 　🖐오른손

줄 이동에 맞춰서 이동시키는 올바른 엄지손가락 사용방법

　오른손은 피킹 폼은 물론 엄지손가락의 위치에도 주의할 필요가 있다. 손가락으로 연주할 때, 연주하지 않는 줄의 뮤트는 기본적으로 왼손과 오른손 엄지손가락을 사용하자. 메인 프레이즈 1소절 1&2박자 째를 예로 들자면 4번 줄 5프렛(A음)을 연주한 후, 단숨에 옥타브 위의 2번 줄 7프렛(A음)으로 이동한다. 여기서 엄지손가락을 픽업 위에 고정하고 있으면, 2번 줄을 연주할 때에 4번 줄은 계속 울리고 있게 된다(사진⑤). 그래서 2번 줄을 연주할 때에는 엄지손가락을 4번 줄 위에 대고 뮤트하면서 2번 줄을 연주하자(사진⑥). 메인 프레이즈에는 등장하지 않지만, 1번 줄을 연주할 때에는 이와 같은 요령으로 엄지손가락을 3번 줄에 두면, 3번 줄과 4번 줄을 동시에 뮤트할 수 있다(사진⑦). 아무리 손가락이 빨리 움직여도 노이즈를 많이 내면 연주가 지저분해지므로 엄지손가락을 사용한 뮤트를 몸에 익히자!

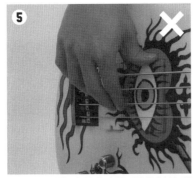

2번 줄로 이동했을 때, 엄지손가락을 픽업 위에 두면 4번 줄을 뮤트할 수 없다

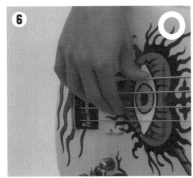

2번 줄로 이동하는 동시에 엄지손가락을 4번 줄로 이동하자. 이렇게 하면 4번 줄의 노이즈를 방지할 수 있다

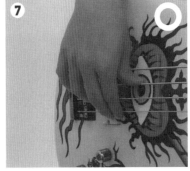

1번 줄을 피킹할 때에는 엄지손가락으로 3번 줄과 4번 줄에 대면서 확실하게 뮤트하자

[컴프레서와 리미터] 컴프레서는 소리를 압축해서 출력을 고르게 해주는 이펙터이며, 리미터는 레벨을 미리 설정해서 출력을 억제하는 이펙터이다. 요즘은 두 기능을 모두 갖춘 모델이 일반적이다

신병훈련 프로그램 3
~크로매틱 1~

바쁘게 줄을 이동하는 크로매틱 프레이즈

· '1프렛 1손가락'의 철칙을 지키자
· 불필요한 동작이 없는 운지를 익히자

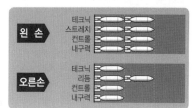

 목표템포 ♩=110

모범연주 **TRACK 3** (DISC1)
반주트랙 **TRACK 3** (DISC2)

줄을 상하로 이동하면서 크로매틱 스케일을 연주하는 운지연습이다. 1~4프렛 사이를 바쁘게 이동하면서 누르기 때문에, 왼손을 유연하면서 정확하게 컨트롤할 필요가 있다. 거울을 보며 자신의 폼을 체크하면서 연습하는 것이 좋다.

위의 프레이즈를 연주할 수 없는 사람은 이것으로 수행하라!

초급 줄은 항상 프렛 바로 옆을 누르는 것이 중요하다. 1음씩 정확하게 연주하자 ▷ CD TIME 0:16~

중급 4번 손가락으로 시작하는 크로매틱 프레이즈다. 지판을 누르는 힘을 기르자 ▷ CD TIME 0:39~

고급 반음계를 1음씩 뛰어넘으면서 누르므로, 나쁜 손버릇을 방지할 수 있는 연습이다. 열심히 연습하자 ▷ CD TIME 1:02~

No.3와 관련해서…PART.1 P.10 [투혼! 크로매틱 NO.1]을 연주하면 경험치가 증가할 것이다!

주의점 1　✋ 왼손

'1프렛 1손가락'의 철칙을 왼손에 익혀두자!

크로매틱 스케일[주]을 사용한 프레이즈를 연주할 때의 철칙은 '1프렛 1손가락'이다. 메인 프레이즈에서는 1, 2, 3, 4프렛을 사용하고 있는데, 각 프렛에 1번 손가락, 2번 손가락, 3번 손가락, 4번 손가락을 할당해두고 마지막까지 이 운지를 유지해야 한다(사진①&②). 이렇게 하면 왼손 손가락 4개를 균등하게 움직일 수 있게 되며, 동시에 힘이 약한 3번 손가락과 4번 손가락의 힘을 강화할 수 있다. 이때 잊지 말아야 할 것은 넥 뒤에 두는 엄지손가락의 위치다(사진③). 라이브를 할 때처럼 서서 연주할 때에는 엄지손가락을 넥 위에서 내밀어 쥐어도 되지만, 지금과 같은 기초 연습에서는 넥 바로 뒤에 엄지손가락을 두고, 엄지손가락을 지지점으로 1번 손가락~4번 손가락을 부채꼴로 펴는 것이 이상적이다(사진④). 정면에 거울을 두고 자신의 폼을 확인하면서 연습해도 좋다. 곡 카피로 베이스 연습을 시작하면 왼손 운지가 약해지기 쉽다(4번 손가락의 연습을 전혀 하지 않는 사람도 있다). 그러면 나중에 크게 후회한다. 인생은 등산과 같다. 높은 산일수록 길은 험하지만, 힘들다고 뒤로 미루지 말고 이번 엑서사이즈로 철저한 준비를 해두자.

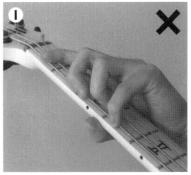
① ✕
넥 위쪽으로 엄지손가락이 나와 있기 때문에 왼손 손가락이 부채꼴을 이루지 못한다. 이 상태로는 운지가 힘들어진다

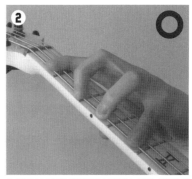
② ◯
1프렛에 1손가락씩 맨투맨으로 지판을 누르자. 이렇게 하면 불필요한 힘이 들어가는 것을 막을 수 있다

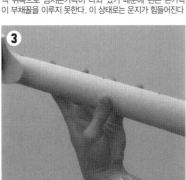
③
넥 뒤를 지지하는 느낌으로 누른다. 엄지손가락의 방향은 위를 향하도록 하자

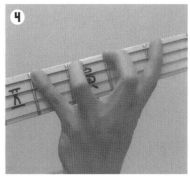
④
넥 뒤의 엄지손가락을 지지점으로 해서 왼손의 남은 손가락이 부채꼴이 되도록 하자

주의점 2　✋ 왼손

도중에 지판에서 손가락을 떼면 안 된다! 올바른 운지를 익히자

크로매틱 스케일을 사용한 프레이즈를 연주할 때, 또 한 가지 주의할 점이 있다. 그것은 지판을 누른 손가락을 유지한 상태로 다음 손가락으로 지판을 누르는 것이다. 예를 들어 1번 손가락→2번 손가락→3번 손가락→4번 손가락의 순서로 움직이는 운지에서는 1번 손가락부터 연주를 시작해서 4번 손가락에 도착했을 때에 1번 손가락이 지판에서 떨어져서 4번 손가락 가까운 위치로 어긋나지 않도록 주의하자(사진⑤&⑥). 이렇게 1번 손가락이 지판에서 떨어지면, 핑거링 트레이닝 효과가 단번에 사라진다. 하지만, 지판을 누른 손가락을 그 자리에 두고 다음 손가락의 지판 누르기를 하면, 왼손 핑거링 능력을 확실하게 단련할 수 있다. 그리고 음이 끊어지지 않고 제대로 울릴 것이다. 여기서 1음씩 정확하게 누르는 운지를 확인하자(사진⑦&⑧).

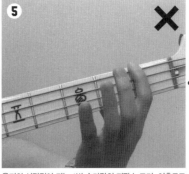
⑤ ✕ →
운지의 시작점이 되는 1번 손가락의 지판 누르기. 이후로도 기본적인 운지의 시작점은 1번 손가락이 될 것이다

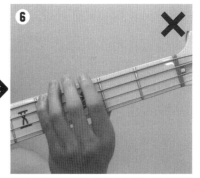
⑥ ✕
4번 손가락으로 지판을 누를 때, 1번, 2번, 3번 손가락이 줄에서 떨어지면 운지연습 효과가 없으므로 주의하자

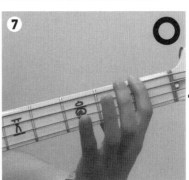
⑦ ◯ →
1번 손가락을 누르는 시점에서 다음에 누를 2번, 3번, 4번 손가락을 의식하는 것이 중요하다

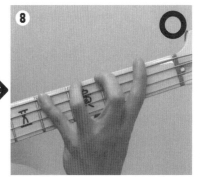
⑧ ◯
4번 손가락으로 누를 때에는 이렇게 1번, 2번, 3번 손가락 모두 각 프렛을 계속 누르고 있어야 한다

[크로매틱 스케일] 반음계를 의미한다. 옥타브 이내의 반음 전부를 높이 순서대로 배열한 스케일로, 12개의 음으로 구성된다. 운지연습에 매우 좋으므로 각자에게 맞도록 어레인지해서 연습 프레이즈를 만들어보자.

신병훈련 프로그램 4
~크로매틱 2~

핑거링 능력을 높이는 크로매틱 프레이즈

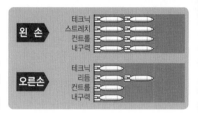

· 세로 이동하는 반음계를 공략하자!
· 왼손 엄지손가락의 올바른 폼을 익히자!

LEVEL 🔫🔫🔫　목표템포 ♩=80

모범연주 🎵 TRACK 4 (DISC1)
반주트랙 🎵 TRACK 4 (DISC2)

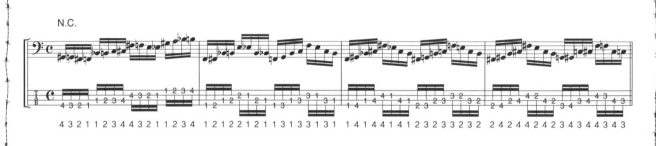

1프렛 : 1번 손가락, 2프렛 : 2번 손가락, 3프렛 : 3번 손가락, 4프렛 : 4번 손가락의 포지션을 유지하면서, 줄의 상하운동에 정확하게 대응하자. 특히 힘이 약한 3번 손가락과 4번 손가락의 실력향상을 목표로 하자. 마지막까지 '1프렛 1손가락'의 법칙을 지키자!

위의 프레이즈를 연주할 수 없는 사람은 이것으로 수행하라!

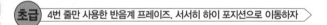

초급 4번 줄만 사용한 반음계 프레이즈. 서서히 하이 포지션으로 이동하자　CD TIME 0:21~

중급 베이스 지판 위의 크로매틱 배열을 익히자　CD TIME 0:43~

고급 개방현이 들어간 크로매틱 프레이즈. 폴리리듬에 주의하자!　CD TIME 1:07~

No.4와 관련해서…PART.1 P.12 [투혼! 크로매틱 NO.2]를 연주하면 경험치가 증가할 것이다!

주의점 1  이론

반음계의 세로 이동을 익혀서 원활한 운지를 실현하자!

크로매틱 스케일은 베이스의 지판 위를 1프렛 (반음)씩 이동하는 배열이다. 초급 프레이즈는 1 줄 위에서 크로매틱 진행을 하지만, 이처럼 왼 손 손가락 4개를 정확하고 신속하게 가로 이동하 는 것은 상당히 어렵다. 따라서 크로매틱은 세로 라인으로 이동하는 것이 실전적이다(그림1). 예 를 들어 4번 줄 5프렛(A음)부터 상승하는 크로매 틱은 4번 줄 5프렛(1번 손가락)→6프렛(2번 손가 락)→7프렛(3번 손가락)→8프렛(4번 손가락)으로 연주한 후에 3번 줄 4프렛으로 넘어가서 이 요령 으로 2번 줄과 1번 줄로 이동하는 것이 좋다. 이 러한 세로 배열[주]도 기억해두는 것이 중요하다.

그림1 크로매틱 프레이즈의 포지션

· 가로 배열

=

· 세로 배열

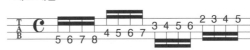

크로매틱 계열 프레이즈에서는 가로 배열에 비해,
세로 배열 쪽이 운지를 원활하게 할 수 있으므로, 더욱 실전적이다

주의점 2  왼손

엄지손가락과 지지점의 손가락으로 넥을 단단히 잡자!

메인 프레이즈 2소절 째부터는 왼손 손가락 두 개를 하나의 페어로 한 프레이징이다. 1번&2번 →1번&3번→1번&4번→2번&3번→2번&4번→3 번&4번 순서의 운지이므로 왼손 손가락의 조합 을 망라하고 있다. 특히 난이도가 높은 것은 3소 절 3박자 째 이후의 2번 손가락과 3번 손가락을 지지점으로 한 페어다. 일반적인 프레이즈에서는 거의 등장하지 않는 운지이므로 익숙해질 때까지 는 지판 누르기가 안정되지 않을 것이다. 이 부분 에서는 넥 뒤의 엄지손가락과 지지점의 손가락으 로 넥을 단단히 끼워 잡는 것이 중요하다(사진①& ②). 이 엑서사이즈를 통해서 평소에 안 쓰던 손가 락의 근력을 키우자.

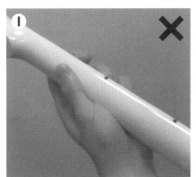

엄지손가락이 헤드 방향을 향하고 있으면 지지점이 되는 손가락과 넥을 단단히 끼워 잡을 수 없다

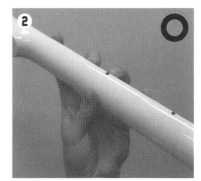

엄지손가락이 위를 향하게 하면 폼이 안정된다. 이때 불필 요한 힘이 들어가지 않도록 주의하자

~칼럼2~

교관의 칼럼

움직임을 최소화한 운지로 '스피드'라는 보너스를 받아라! 핑거링 연습의 의미와 효능

줄을 누르는 손가락은 1번 손가락~4번 손가락 까지 네 개이므로(드물게 엄지손가락으로 4번 줄 을 누르는 경우도 있지만 이건 예외), 이 네 손가 락을 효율적으로 움직이는 훈련을 하는 것이 중 요하다. 손가락 네 개를 골고루 사용하지 못하는 어설픈 운지로는 노이즈가 나거나 음이 끊어지는 경우가 많으므로 주의하자. 기타에 비해서 프렛의 간격이 넓은 베이스는 왼손에 더 많은 힘이 필요 하다. 그렇기 때문에 핑거링에서 불필요한 동작을 없애야만 한다. 불필요한 동작을 없애면 비로소 스피드업이라는 보너스를 받을 수 있다. 운지연습 은 절대로 소홀히 하지 말자!

열심히 운지연습을 해서 손가락의 불필요한 동작을 줄이 자. 그 앞에 '초절정'이라는 이름의 영광이 기다리고 있 다!

[세로 배열] 베이스와 기타 등의 현악기는 같은 음이 여러 위치에 배치되어있다. 그러한 '다른 줄 상의 같은 음'을 기억해두면 프레이징의 폭을 넓힐 수 있다.

신병훈련 프로그램 5
~메이저 & 마이너 스케일~

기초 스케일 트레이닝 1

· 3도를 중심으로 코드를 이해하자!
· 스케일을 다각적으로 머릿속에 기억하자!

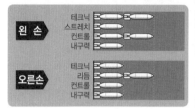

LEVEL 🔫🔫🔫   목표템포 ♩=82

모범연주 TRACK 5 (DISC1)
반주트랙 TRACK 5 (DISC2)

A내추럴 마이너 스케일을 1소절 째는 4번 손가락, 2소절 째는 2번 손가락, 3소절 째는 1번 손가락부터 연주를 시작한다. 이렇게 같은 스케일이라도 연주를 시작하는 손가락이 바뀌면 포지션이 변한다. 이 3가지 포지션은 스케일 연주의 필수적인 요소이므로 반드시 익히자.

위의 프레이즈를 연주할 수 없는 사람은 이것으로 수행하라!

초급 C메이저 스케일을 3번 줄 3프렛의 2번 손가락부터 연주하기 시작하자   CD TIME 0:21~

중급 C내추럴 마이너 스케일을 3번 줄 3프렛 1번 손가락부터 연주하기 시작하자   CD TIME 0:38~

고급 A메이저 스케일을 4번 손가락(1소절 째), 2번 손가락(2소절 째), 1번 손가락(4소절 째)부터 연주하기 시작하자   CD TIME 0:55~

No.5와 관련해서…PART.1 P.14 [세계의 스케일 기행 제1권]을 연주하면 경험치가 증가할 것이다!

 **이론**

코드의 분위기를 결정하는 3도음을 기억하자!

독자 여러분도 어렸을 때, 음악 수업에서 밝은 분위기가 메이저 코드, 어두운 분위기가 마이너 코드라고 배웠을 것이다. 이 두 가지 울림의 차이를 결정짓는 것은 무엇일까? 그것은 3도의 음이다. 예를 들어 도(C음)를 1도(루트음)로 하면 거기서 세 번째 음=미(E음)가 3도가 된다. 이 3도가 반음 바뀌는 것에 따라 메이저와 마이너가 결정된다(**그림1**). 따라서 베이스 라인을 생각할 때에는 이 3도를 사용하는 방법에 주의해야 한다(익숙해질 때까지는 메이저와 마이너 양쪽에 속한 루트와 5도만으로 프레이즈를 만들어보는 것도 좋다). 먼저 루트와 3도의 위치관계를 파악하자.

그림1 메이저와 마이너의 코드 포지션 비교

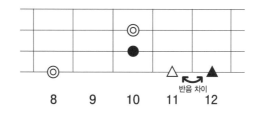

◎루트음(C음) ●5도음(G음)
△마이너의 3도음(E♭음) ▲메이저의 3도음(E음)

반음 차이

8 9 10 11 12

 왼손

매너리즘을 타파하는 스케일 활용법

한 단계 위의 베이시스트를 목표로 한다면 루트음이 지판 위 어디에 있는지 바로 찾을 수 있는 능력을 갖추기 바란다. 그렇게 하면 애드리브와 오블리가토를 자유롭게 연주할 수 있게 될 것이다. 다채로운 프레이즈를 만들어내기 위해서 연주하기 시작하는 손가락에 따라서 바뀌는 3종류의 스케일 포지션을 기억해두면 좋다(**그림2**). 여기서는 록에서 많이 사용하는 A내추럴 마이너 스케일로 설명하겠다(참고로 오른쪽 그림에는 메이저 스케일도 게재했다). 독자 중에는 1번 손가락부터 연주하기 시작하는 포지션을 기억하고 있는 사람이 많을 것이다. 하지만, 스케일 포지션은 다양하므로, 늘 1번 손가락으로 연주를 시작하는 것은 아니다. 여기서 2번 손가락과 4번 손가락으로 연주를 시작하는 포지션도 기억하자. 참고로 A내추럴 마이너 스케일은 C메이저 스케일과 같은 구성음이다. 이것은 **나란한조[주]**라는 개념이다. Am과 C, Bm과 D, C#m과 E 등, 모든 키에서 내추럴 마이너 스케일과 메이저 스케일은 짝을 이루고 있다. 예를 들어, 키가 C인 곡에서 애드리브를 연주할 때에, C메이저 스케일이 약한 사람은 A내추럴 마이너 스케일을 연주해도 된다. 늘 뻔한 프레이즈가 되는 것을 막기 위해서 많은 스케일 포지션을 익혀두자.

그림2 연주하기 시작하는 손가락에 따라서 변화하는 스케일 포지션

① 1번 손가락부터 연주하기 시작하는 포지션

◎토닉(A음)

A마이너
1 2 3 4 5(=1번 손가락) 6 7 8 9

A메이저
1 2 3 4 5(=1번 손가락) 6 7 8 9

② 2번 손가락부터 연주하기 시작하는 포지션

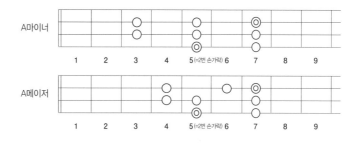

A마이너
1 2 3 4 5(=2번 손가락) 6 7 8 9

A메이저
1 2 3 4 5(=2번 손가락) 6 7 8 9

③ 4번 손가락부터 연주하기 시작하는 포지션

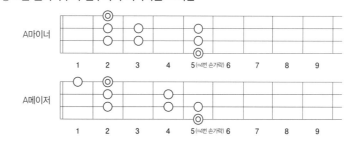

A마이너
1 2 3 4 5(=4번 손가락) 6 7 8 9

A메이저
1 2 3 4 5(=4번 손가락) 6 7 8 9

[나란한조] 같은 조표(오선악보 상에서 음자리표에 이어서 #나 ♭ 등의 임시표에 의해 표시)를 사용하는 장조와 단조. 나란한조를 이해하면 스케일을 외우기 쉬워지며 프레이징의 폭도 넓어진다.

신병훈련 프로그램6
~다양한 스케일~

기초 스케일 트레이닝2

· 다양한 스케일을 익혀라!
· 미리 음이 나뉘는 단위를 이해해두자!

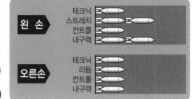

 목표템포 ♩=150

모범연주 **TRACK6** (DISC1)
반주트랙 **TRACK6** (DISC2)

디미니쉬 스케일은 음을 단3도의 간격으로 쌓아올린 음계이므로 1줄 위에서는 3프렛씩의 간격으로 스케일음이 배치된다(예를 들어, 1프렛→4프렛→7프렛→10프렛이 된다). 우선은 이 독특한 스케일의 포지션을 손가락에 기억시키자.

위의 프레이즈를 연주할 수 없는 사람은 이것으로 수행하라!

초급 우선 A마이너 펜타토닉 스케일을 연습하자   CD TIME 0:12~

중급 A하모닉 마이너 스케일을 사용해서 운지 연습을 하자!   CD TIME 0:27~

고급 온음 간격으로 음을 쌓아올리는 홀 톤 스케일을 익히자   CD TIME 0:42~

No.6와 관련해서…PART.1 P.16 [세계의 스케일 기행 제2권]을 연주하면 경험치가 증가할 것이다!

 주의점 1　　이론

다양한 스케일을 익혀서 다채로운 분위기를 내자!

이번 엑서사이즈에서는 메이저, 마이너 이외의 스케일을 사용하고 있다(그림1). 메인 프레이즈를 구성하는 디미니쉬 스케일은 기분 나쁘고 악마적인 울림을 가지고 있으며, 토닉부터 온음과 반음이 교대로 반복되는 인터벌이다. 초급은 마이너 펜타토닉 스케일로 구성되어 있다. 다섯 개의 스케일음으로 이루어진 마이너 펜타토닉은 록을 연주할 때 필수적이며, 자신이 가고자 하는 길을 나아가는 사나이 같은 느낌이 좋다. 클래시컬한 분위기를 내는 중급 프레이즈는 하모닉 마이너 스케일에 의한 프레이즈다. 하모닉 마이너는 P.19에서 소개한 내추럴 마이너의 제7음만 반음 올라간 음계다. 약간 독특한 운지이므로 미리 포지션을 기억해두자. 고급 프레이즈는 재즈 등에서 많이 등장하는 홀 톤 스케일로 구성되어 있다. 말로 표현하기 힘든 불안감을 가지고 있어 TV의 퀴즈 프로그램에서 출연자가 문제를 생각하고 있을 때에 나올 것 같은 울림이다. 이 스케일은 모든 음이 온음 간격으로 배열되어 있어, 포지션은 의외로 외우기 쉽다. 프레이징의 폭을 넓히기 위해서 여기서 4가지 스케일을 반드시 기억해두자.

그림1　4가지 스케일 그림

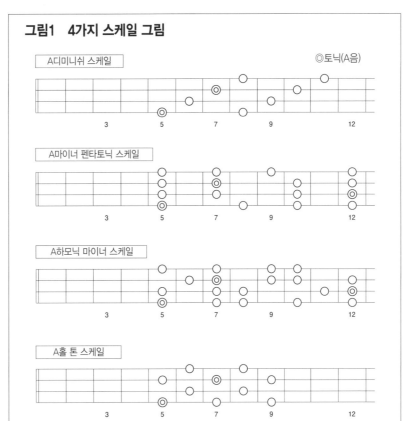

◎토닉(A음)

A디미니쉬 스케일

A마이너 펜타토닉 스케일

A하모닉 마이너 스케일

A홀 톤 스케일

 주의점 2　　이론

프레이즈가 나뉘는 것을 정확하게 이해하자!

주의점1에서도 설명했듯이 메인 프레이즈는 디미니쉬 스케일로 구성되어 있다. 전체적으로 프렛의 간격이 4프렛 운지이므로, 1번 손가락과 4번 손가락을 1세트로 해서 왼손을 움직여보기 바란다(사진①&②). 항상 다음 포지션을 눈으로 보며 쫓아가면 원활한 핑거링이 될 것이다. 또한 1~3소절 째까지는 리듬 트릭[주]으로 되어 있다(그림2). 이 부분은 1소절 반에서 한 번 나뉜다(1소절째~2소절 2박자 째까지와 2소절 3박자 째~3소절 째의 끝까지가 1블록). 실제로 연주할 때에는 리듬 트릭에 현혹되어 정확한 리듬을 연주하지 못하는 경우가 많으므로, 4분음 리듬을 정확히 유지하는 것이 중요하다. 디미니쉬의 독특한 운지와 리듬 트릭을 정확히 몸에 익히기 위해서 느린 템포부터 충분히 연습하자.

메인 프레이즈 1소절 1박자 째. 우선 6번 줄 5프렛을 1번 손가락으로 누르고

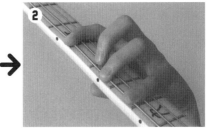

이어서 4번 손가락으로 8프렛을 누른다. 디미니쉬에서는 이 4프렛의 간격이 이어지므로 왼손 손가락이 완벽하게 기억하도록 하자

그림2　리듬 트릭

· 메인 프레이즈 1~3소절 째

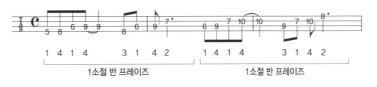

1소절 반 프레이즈　　　　　1소절 반 프레이즈

4분음의 타이밍으로 발로 리듬을 맞추면서 연주하자

[리듬 트릭] 8분음이나 16분음 위주의 프레이즈는 홀수음으로 음을 나누면 리듬에 변화를 줄 수 있다. 이 어프로치는 폴리리듬의 일종이라 할 수 있으며, 간단하면서 매우 효과적이다.

신병훈련 프로그램 7
~스타카토~

오른손의 뮤트 능력을 단련하는 리듬 엑서사이즈

· 피킹 스타일을 정확하게 선택하자!
· 오른손만으로 스타카토를 연주하자!

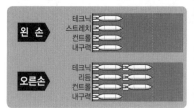

 목표템포 ♩ = 152

모범연주 **TRACK 7** (DISC1)
반주트랙 **TRACK 7** (DISC2)

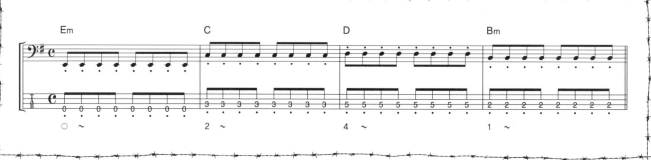

2핑거 피킹은 1번 손가락으로 피킹→그 음을 2번 손가락으로 멈춘다→줄에 댄 2번 손가락으로 다음 음을 연주→1번 손가락으로 음을 멈추는 동작을 할 수 있으므로 음의 길이를 정확하게 컨트롤할 수 있다. 특히 스타카토를 의식해서 타이트한 리듬으로 연주하자.

위의 프레이즈를 연주할 수 없는 사람은 이것으로 수행하라!

초급 앞박자에서 피킹, 뒷박자에서 뮤트를 정확하게 하자 ⟩ CD TIME 0:13~

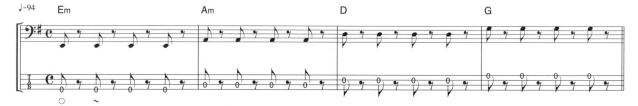

중급 8비트를 스타카토로 연주해보자. 음이 깔끔하게 나도록! ⟩ CD TIME 0:31~

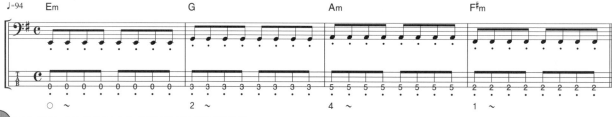

고급 오른손 뮤트 테크닉 연습. 8분과 16분 쉼표에 주의하자! ⟩ CD TIME 0:49~

No.7과 관련해서…PART.1 P.30 [사람은 마무리가 중요하다!]를 연주하면 경험치가 증가할 것이다!

주의점 1  이론

항상 그루브에 맞는 연주방법을 선택하자

베이시스트는 곡에 맞는 그루브를 신속하게 판단하고, 그때마다 피킹 스타일을 바꾸면서 연주해야만 한다. 예를 들어 미들 템포의 8비트를 와일드하게 들리게 하려면, 일반적인 피킹으로 힘차게 연주하면 된다. 하지만, 이 메인 프레이즈처럼 타이트한 사운드가 요구되는 경우는 스타카토를 사용해서 깔끔하게 끊어지는 연주를 할 필요가 있다. '가볍게', '무겁게[주]', '통통 튀는 느낌'… 등, 리듬에는 다양한 해석이 있지만, 그것은 각 음을 어떻게 연주할 것인가에 달려 있다(그림1). 베이시스트의 천국인 '그루브 월드'에 도착하기 위해서도 음표를 자유자재로 다룰 수 있도록 매일 단련하자.

그림1　타이밍의 차이

스타카토로 연주하면 타이트하게 들린다

무겁게 들린다

가볍게 들린다

주의점 2  오른손

오른손의 신속한 뮤트가 깔끔하게 끊어지는 음을 만들어낸다!

일반적으로 뮤트는 왼손과 오른손 양쪽을 사용하지만, 여기서는 오른손만으로 뮤트하는 스타카토 피킹을 연습하겠다. 기본적으로 피킹은 1번 손가락과 2번 손가락을 교대로 움직이는 얼터네이트가 된다. 1번 손가락으로 피킹한 후에는 2번 손가락으로, 2번 손가락으로 피킹한 후에는 1번 손가락으로 음을 바로 멈추게 한다(사진①~④). 이 동작을 정확하게 반복하면 스타카토가 들어간 깔끔하게 끊어지는 사운드를 낼 수 있다. '음을 낸다→멈춘다→낸다'라는 흐름을 오른손 손가락이 기억하게 하는 것이 중요하다. 일반적인 피킹과 스타카토 피킹을 교대로 연주하는 연습을 반복해서 하면 더욱 실전적인 연습이 된다.

1번 손가락으로 피킹. 2번 손가락도 준비해두자

2번 손가락으로 뮤트. 줄의 진동을 멈추자

2번 손가락으로 피킹 후, 1번 손가락을 준비하는 것을 잊지 말자

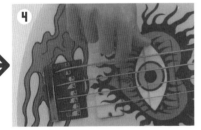
1번 손가락으로 뮤트. 이 동작을 정확하게 반복하자!

~칼럼3~

교관의 칼럼

약점을 알고 있기 때문에 실력향상을 할 수 있다! 손가락 연주의 장점과 단점

손가락 연주는 피크 연주에 비해 슬랩과 태핑을 하기 쉬우며, 오른손 뮤트 또한 편하므로, 16비트 계열 프레이즈에 대응하기 쉽다. 여러 손가락을 사용하거나 레이킹도 활용할 수 있으므로 격렬한 줄 이동을 하는 프레이즈도 연주하기 쉽다. 다만 피크 연주에 비해 어택감과 서스테인이 약해지기 쉽고, 피크의 얼터네이트처럼 일정한 사운드로 빠르게 연주하기 어렵다는 단점도 있다. 이처럼 손가락 연주에는 단점도 있지만, 노력하기에 따라서 얼마든지 해소할 수 있다. 매일 꾸준히 연습해서 손가락 연주의 약점을 극복하자.

오른손을 단련하면 손가락 연주로도 피크 연주 못지않은 파워와 스피드를 낼 수 있다. 매일 노력하자!

['가볍게', '무겁게'] 정확한 타이밍에 비해 약간 앞쪽에서 발음하는 것을 '가볍게', 약간 뒤쪽에서 발음하는 것을 '무겁게'라고 표현한다. 너무 심하게 어긋나게 연주하면 잘못 연주하는 것처럼 들리므로 주의하자.

No.8

신병훈련 프로그램 8
~셔플~

셔플 리듬의 하드 록 리프

· 통통 튀는 리듬을 정확하게 연출하자!
· 중복 피킹을 마스터하자!

LEVEL

목표템포 ♩=134

모범연주 TRACK 8 (DISC1)
반주트랙 TRACK 8 (DISC2)

셔플은 초보자에게는 좀처럼 연주하기 힘든 리듬이다. 우선은 발로 4분음 리듬을 잡으며 입으로 셋잇단음을 노래하면서 연주해보자. 1박자가 8분음 2개로 표기되어 있는 곳의 리듬은 '따따'가 아니라 '따〜따'가 된다. 4소절 째의 2박자 셋잇단음은 각 음의 '간격'을 일정하게 유지하자!

위의 프레이즈를 연주할 수 없는 사람은 이것으로 수행하라!

주의점 1 이론

통통 튀는 느낌을 가진 셔플을 익히자!

여기서는 1박자 셋잇단음의 한가운데 음을 뺀 '셔플'이라는 리듬을 연습하자(**그림1**). 블루스에서 많이 사용하는 이 리듬을 초보자가 파악하기는 힘들므로 우선 일반적인 셋잇단음의 리듬을 '따다다, 따다다…'하며 입으로 부르면서 몸에 익히는 것이 좋다. 그 다음에 초급, 중급, 고급 프레이즈를 연습하면서 통통 튀는 비트에 익숙해지자. 셔플과 16비트처럼 스윙감[주]이 있는 비트는 재즈에서 많이 사용된다.

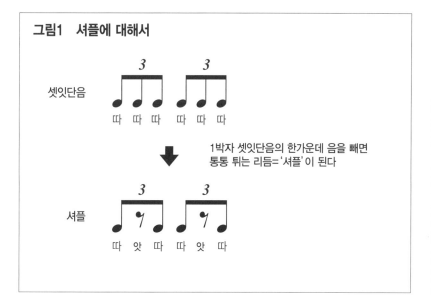

그림1 셔플에 대해서

셋잇단음
따 따 따 따 따 따

1박자 셋잇단음의 한가운데 음을 빼면 통통 튀는 리듬=‘셔플’이 된다

셔플
따 앗 따 따 앗 따

주의점 2 오른손

음수에 맞춰서 오른손의 손가락 순서를 바꾸자!

셔플의 리듬 패턴은 3가지가 있다(**그림2**). 첫 번째가 1박자 셋잇단음의 한가운데 음을 뺀 일반적인 패턴이며, 두 번째가 셋잇단음 모두를 연주하는 패턴이다. 그리고 세 번째는 1박자 째가 셔플, 2박자 째가 셋잇단음으로 구성된, 2박자가 한 단위인 패턴이다. 셔플을 잘 연주하기 위해서는 오른손으로 악센트를 주는 것이 중요하다. 첫 번째 패턴은 음수가 짝수이므로 2핑거 얼터네이트면 문제없을 것이다. 두 번째는 얼터네이트, 세 번째는 중복 피킹을 사용하면 악센트를 연주하는 손가락을 동일하게 유지할 수 있다. 이처럼 음수에 따라 손가락 순서를 바꾸면서 그루브를 내기 바란다.

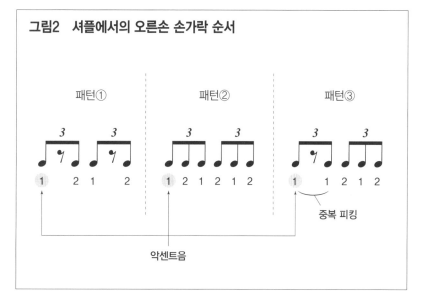

그림2 셔플에서의 오른손 손가락 순서

패턴① 패턴② 패턴③

1 2 1 2 1 2 1 2 1 2 1 1 2 1 2

중복 피킹

악센트음

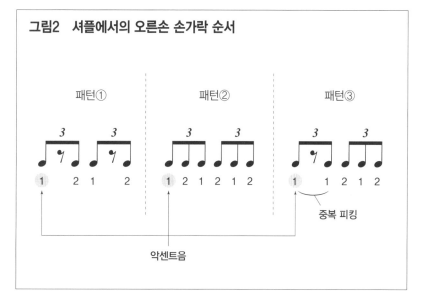

~칼럼4~

교관의 칼럼

리듬을 잘 타고 싶으면 래퍼가 되어라!?

여기서는 리듬을 잘 타는 방법을 소개한다. 우선 1박자에 넣는 음표의 음수와 같은 글자수의 단어를 정하기 바란다(**그림3**). 예를 들어 8분음은 '교대', 셋잇단음은 '오이도', 16분음은 '버티고개', 다섯잇단음은 '테크노파크', 여섯잇단음은 '신대방삼거리'라는 식이다. 그 후에는 그 단어를 노래하면서 연주한다. 셋잇단음은 4분음으로 울리는 클릭음에 맞춰 '오이도, 오이도, 오이도, 오이도…'라고 래퍼처럼 노래해보자. 이렇게 하면 발음 타이밍을 정확하게 파악할 수 있을 것이다. 리듬을 정확하게 잡기 위해서 래퍼로 변신해서 연주하자!

그림3 리듬에 따라 단어를 적용하는 방법

4분음	2분음	16분음	셋잇단음	다섯잇단음	여섯잇단음
		교 대	버 티 고 개	오 이 도	테 크 노 파 크	신 대 방 삼 거 리

[스윙감] 스윙이란 재즈가 가진 음악적인 약동감을 의미한다. 셔플 리듬과 같은 의미로 사용되는 경우도 많다. 곡에 따라 통통 튀는 정도를 어떻게 조정할 것인가가 포인트다.

신병훈련 프로그램 9
~와이드 스트레치~

내구력을 기르는 와이드 스트레치 엑서사이즈

· 왼손 엄지손가락을 잘 이용해서 손가락을 벌리자!
· 4번 손가락으로 지판을 강하게 누르자!

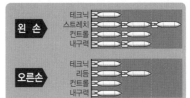

LEVEL 🔫🔫🔫   목표템포 ♩=146   모범연주 🎵TRACK 9 (DISC1)
반주트랙 🎵TRACK 9 (DISC2)

C메이저 스케일을 스트레치하면서 가로 이동하는 프레이즈다. 먼저 스케일 포지션을 확인해두자. 실제 연주 때에는 각 손가락의 스트레치를 의식하면서 목표 프렛에 손가락이 정확하게 착지하게 하자. 줄 이동이 많으므로 오른손 엄지손가락 뮤트도 중요하다.

위의 프레이즈를 연주할 수 없는 사람은 이것으로 수행하라!

 우선은 왼손 1번 손가락과 4번 손가락의 스트레치를 단련하자   CD TIME 0:13~

중급 1번 손가락, 2번 손가락, 4번 손가락의 균형감각을 기르자   CD TIME 0:30~

고급 2소절 째 마지막의 2프렛에서 6프렛으로 이동할 때는 손가락을 크게 벌리자!   CD TIME 0:48~

No.9과 관련해서…PART.1 P.26 [찢어지기 직전까지 벌려라!!]를 연주하면 경험치가 증가할 것이다!

주의점 1　✋ 왼손

스트레치의 핵심은 엄지손가락의 사용법이다!

　베이스는 기타보다 프렛 간격이 넓기 때문에 아무래도 기타보다 스트레치가 힘들다. 하지만, 스트레치는 기타와의 고속 유니즌 등에서 많이 사용하므로, 초절정 베이시스트를 목표로 하는 사람이라면 반드시 익혀야만 한다. 메인 프레이즈 4소절 1&2박자 째는 로우 포지션에서 크게 스트레치한다. 불필요한 움직임을 없애기 위해 4번 줄 1프렛에 1번 손가락을 고정한 상태로 2번 손가락으로 4번 줄 3프렛, 4번 손가락으로 4번 줄 7프렛을 누르자(사진①&②). 넥 뒤에 있는 엄지손가락의 위치와 방향에 주의해서 **손가락을 최대한 벌리기**[주] 바란다. 건초염 등의 부상에 주의하면서 연습하자.

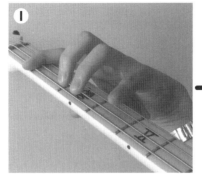

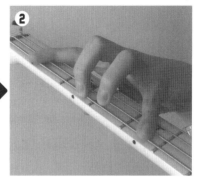

메인 프레이즈 4소절 1박자 째. 먼저 4번 줄 1프렛을 1번 손가락으로 누른다

2박자 째의 4번 줄 5프렛을 누를 때(4번 손가락)에는 1번 손가락을 1프렛 위, 2번 손가락을 3프렛 위에 둔다

주의점 2　✋ 왼손

스트레치하면서 4번 손가락을 원활하게 움직이자!

　메인 프레이즈 2소절 1박자 째에서는 1번 줄 7프렛을 3번 손가락, 9프렛을 4번 손가락으로 누르는데, 4번 손가락의 누르는 힘이 약해지기 쉬우므로 신속, 정확하게 움직이자(사진③&④). 이때 손가락을 크게 벌리는 것이 중요하다. 큰 스트레치를 하는 3소절 3&4박 째에서는 4번 줄 5프렛을 3번 손가락, 3프렛을 2번 손가락, 1프렛을 1번 손가락으로 누른다. 주의점1을 참고하면서 손가락을 최대한 크게 벌리자. 베이스를 자유자재로 연주하기 위해서는 왼손 스트레치 능력을 기르는 것이 매우 중요하다. 서두르지 말고 천천히 벌리는 연습을 하자.

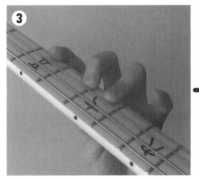

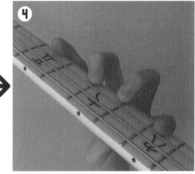

메인 프레이즈 2소절 1박자 째. 손가락을 벌려서 1번 줄 7프렛을 3번 손가락으로 누르자

스트레치 폼을 유지한 상태로 4번 손가락을 1번 줄 9프렛으로 이동한다. 왼손 엄지손가락의 방향에도 주의하자

~칼럼5~
교관의 칼럼

기타는 세로 이동이 주류고, 베이스는 가로 이동이 주류!? 포지셔닝의 차이를 익히자

　A메이저 스케일을 단숨에 2옥타브 연주할 경우, 기타는 1번 손가락으로 6번 줄 8프렛부터 시작해서, 1옥타브 위의 4번 줄 7프렛(2번 손가락)을 경유하고, 2번 줄 10프렛(3번 손가락)으로 착지하는 경우가 많다. 한편 베이스는 기타보다 줄이 적기 때문에 이러한 포지션을 이용할 수 없다. 가능한 패턴 중 하나로 4번 줄이 5→7→9→10프렛, 3번 줄이 7→9→11→12프렛(여기서 1옥타브), 2번 줄이 9→11→12프렛, 그리고 1번 줄이 9→11→13→14프렛이 있다(**그림1**). 베이스는 이렇게 가로 이동하는 경우가 많으므로 가로 이동 포지션을 잘 익혀두자.

그림1　포지셔닝의 비교(A메이저 스케일)

◎토닉(A음)

・기타(세로 이동)　　　・베이스(가로 이동)

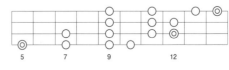

신병훈련 프로그램10
~바레~

줄 이동 대처능력을 높여주는 바레 엑서사이즈

· 바레를 사용하여 매끄러운 운지를 실현하자!
· 여러 줄을 누를 수 있는 운지능력을 기르자!

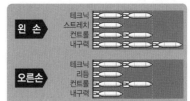

목표템포 ♩=160

모범연주 TRACK 10 (DISC1)
반주트랙 TRACK 10 (DISC2)

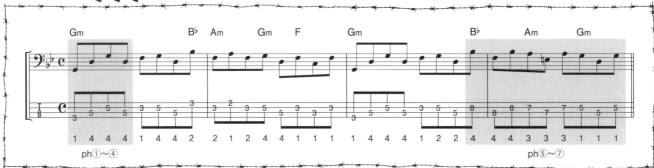

빠른 프레이즈를 연주하기 위해서는 운지에서 불필요한 동작을 줄이는 것이 필수적이다. 이 프레이즈에 등장하는 '다른 줄 같은 프렛'은 손가락 하나로 바레해서 누르는 것이 좋다. 3&4소절에서는 왼손 각 손가락으로 정확하게 바레하자.

위의 프레이즈를 연주할 수 없는 사람은 이것으로 수행하라!

초급 4&3번 줄을 사용한 왼손 각 손가락의 바레 연습. 일정한 리듬으로 연주하자!   CD TIME 0:12~

중급 바레를 사용해서 정확한 줄이동을 하자   CD TIME 0:29~

고급 3줄 바레에 도전하자. 3음이 깔끔하게 울리도록 연습하자   CD TIME 0:47~

No.10과 관련해서…PART.1 P.18 [Bar 줄 4개 모임]을 연주하면 경험치가 증가할 것이다!

28

주의점 1 　✋ 왼손

왼손의 불필요한 움직임을 줄이는 바레를 마스터하자!

초절정 베이시스트가 되기 위해 지금까지는 왼손의 모든 손가락을 원활하게 움직이는 것이 중요하다고 했다. 사실은 또 한 가지 중요한 것이 있다. 그것은 바레[주]를 활용한 운지다. 예를 들어 루트음→5도→1옥타브 높은 루트음의 순서로 3음을 연주할 경우, 5도와 1옥타브 높은 루트음은 '다른 줄 같은 프렛'이 된다. 이때 루트음을 1번 손가락, 5도를 3번 손가락, 1옥타브 높은 루트음을 4번 손가락으로 누르는 것은 좋은 방법이 아니다(사진①). 손가락을 많이 사용하면 그만큼 불필요한 움직임이 늘어나므로 피하는 것이 좋다. 따라서 루트음은 4번 손가락으로 누르자(사진②~④). 다만 베이스는 줄이 굵기 때문에 기타처럼 쉽게 바레할 수는 없다. 특히 4번 손가락 바레가 상당히 힘들 것이다. 여기서 바레의 요령을 몇 가지 소개하겠다. 여러 줄을 누를 때에 손가락 관절 부분에 줄이 닿으면 그 줄을 누르기 힘들어진다. 이때, 손가락을 약간 위아래로 움직여서 관절부분에 줄이 닿지 않도록 조절하는 것이 중요하다. 그리고 줄을 똑바로 누르는 것이 아니라 손가락의 측면을 이용하는 편이 관절부분에 줄이 닿는 일이 줄어들 것이다. 베이스는 손가락 힘이 필요한 악기이므로 매일 손가락을 단련하자!

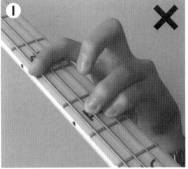

메인 프레이즈 1소절 째. 3번 줄 5프렛을 3번 손가락, 2번 줄 5프렛을 4번 손가락으로 누르면 불필요한 움직임이 늘어난다

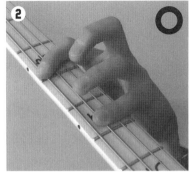

3&2번 줄 5프렛은 4번 손가락 바레로 누르자. 이렇게 하면 원활한 핑거링을 할 수 있다

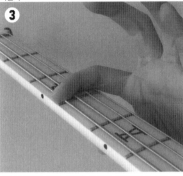

1번 손가락의 바레. 손가락 측면을 사용해서 4~1번 줄을 모두 누른다

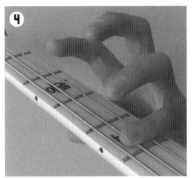

4번 손가락의 바레. 이때도 손가락 측면을 사용해서 2&3번 줄을 정확하게 누른다

주의점 2 　✋ 왼손

손가락 힘을 길러서 연속 바레를 공략하자!

메인 프레이즈는 리듬을 잡는 방법이 약간 변칙적이다. 1~2소절 째는 8분음 4개→3개→2개→2개→2개→3개, 3~4소절 째에는 4개→3개→3개→3개→3개의 단위로 생각하자. 실제로 연주할 때에는 '다른 줄 같은 프렛'을 누르는 바레에서 리듬이 흐트러지지 않도록 주의하자. 특히 3소절 4박자 째의 뒷박자부터의 8프렛→7프렛→5프렛을 3음씩 연주하는 부분은 4번 손가락→3번 손가락→1번 손가락의 연속 바레이므로 왼손 손가락의 움직임에 집중하자(사진⑤~⑦). 주의점1에서도 설명했듯이 4번 손가락과 3번 손가락은 다른 손가락에 비해 근력이 약하므로 중점적으로 연습하는 것이 중요하다.

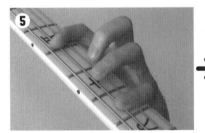

4번 손가락 측면을 사용해서 8프렛을 바레하자

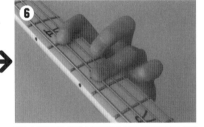

3번 손가락으로 바레. 관절부분에 줄이 닿지 않도록 주의하자!

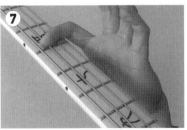

1번 손가락의 바레. 쓸데없이 힘이 들어가는 것에 주의하는 것도 중요하다

[바레] 기타리스트에게는 F코드의 바레가 첫 난관이듯이, 베이시스트에게도 바레는 높은 벽이다. 손가락의 위치와 각도에 주의하면서 줄을 누르자!

신병훈련 프로그램11
~아르페지오~

세밀하게 줄 뛰어넘기를 하는 아르페지오 프레이즈

· 아르페지오를 효과적으로 활용하자!

· 오른손 손가락이 움직이는 순서를 정리해서 줄 뛰어넘기를 공략!

LEVEL 🔫🔫🔫   목표템포 ♩=154   모범연주 🎯TRACK 11 (DISC1)
반주트랙 🎯TRACK 11 (DISC2)

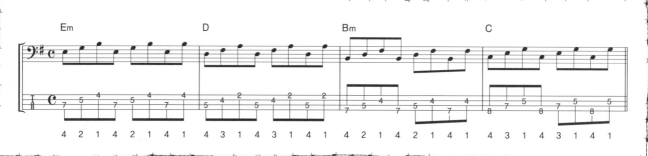

3줄을 오가는 아르페지오는 왼손과 오른손의 타이밍을 정확히 맞추지 않으면 완주할 수 없다. 각 소절의 2&4박자 째가 줄 뛰어넘기이므로 실수로 그 사이에 있는 줄에 닿지 않도록 오른손을 위아래로 잘 움직이면서 피킹하자. 코드도 정확하게 누르자.

위의 프레이즈를 연주할 수 없는 사람은 이것으로 수행하라!

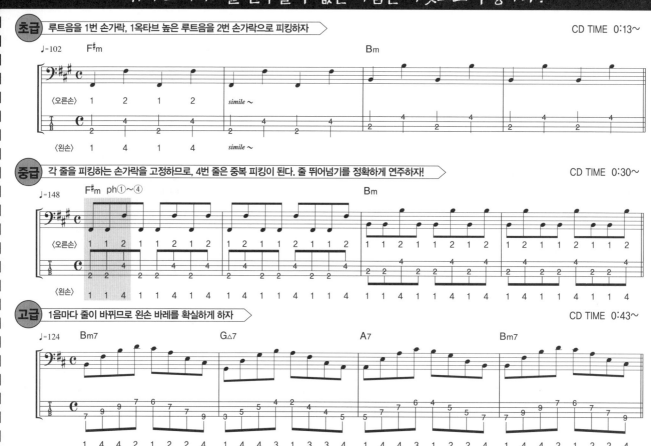

 주의점 1　이론

록 베이시스트가 아르페지오를 사용하는 의의

　베이시스트는 어떤 상황에서 아르페지오[주]를 연주할까? 3가지 경우를 생각해볼 수 있다. 하나는 기타와의 유니즌 플레이로, 특히 양식미(樣式美)를 중시하는 바로크 메탈 계열에서 많이 사용한다. 두 번째는 3피스 밴드에서 기타가 솔로를 연주하고 있을 때다. 베이스가 루트음만 연주하고 있으면 코드감이 나지 않으므로 아르페지오를 사용하는 것이 효과적이다. 세 번째는 특수한 효과로 사용하고 싶을 때다. 베이스를 돋보이게 하는 베이스 솔로나 인트로가 베이스부터 시작하는 때 등이다. 베이시스트는 모든 상황에 대응하기 위해 아르페지오를 사용한 연주를 할 수 있어야 한다(그림1). 이번 기회에 코드 공부를 해보자.

그림1　아르페지오 포지션

◎루트음　△3도음　□5도음

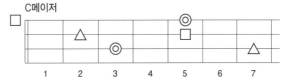

C메이저

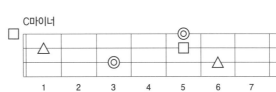

C마이너

위의 음을 조합해서 아르페지오를 만들자!

주의점 2　오른손

오른손 손가락 순서를 정리한 후 줄 뛰어넘기 피킹을 연주하자!

　손가락 연주의 큰 난관이라 할 수 있는 줄 뛰어넘기 피킹(스키핑)은 미리 오른손의 손가락 순서를 정리해두는 것이 중요하다. 세밀하게 줄 뛰어넘기를 하는 중급 프레이즈를 얼터네이트로 연주하면 2번 줄을 피킹하는 손가락을 고정할 수 없으므로, 사운드에 기복이 생긴다. 그리고 4번 줄에서 2번 줄은 거리가 멀기 때문에 정확하게 줄 뛰어넘기를 계속하기도 힘들다. 따라서 4번 줄을 1번 손가락, 2번 줄은 2번 손가락으로 고정해서 피킹하는 것이 좋다. 다만 4번 줄을 2번 연속으로 연주하는 부분은 1번 손가락을 신속하게 움직이도록 주의하자(사진①~④). 1번 손가락과 2번 손가락의 음량차이가 생기지 않도록 주의하며 힘차게 연주하자!

먼저 1번 손가락으로 4번 줄을 피킹

다음에도 1번 손가락으로 피킹하므로

1번 손가락을 신속하게 이동시켜 4번 줄을 연주하자

2번 줄 피킹은 2번 손가락에 고정하면 좋다

~칼럼6~
교관의 칼럼

코드감을 내는 열쇠는 '3도'에 있다! 루트와 3도의 위치관계를 익히자

　3도는 그 코드가 메이저인가 마이너인가를 결정하는 중요한 음이다. 따라서 3도를 사용할 때에는 울리고 있는 코드의 메이저/마이너를 정확하게 파악하는 것이 중요하다(반음 어긋나기만 해도 앙상블이 무너진다). 달리 말하면 베이스로 코드감을 내고 싶다면 3도를 사용하는 것이 효과적이다. 3도를 잘 활용하기 위해서는 프렛 위에서의 루트음과 3도의 위치관계를 이해해두면 좋다(그림2). 루트음과 같은 줄인가? 1줄 위인가? 1옥타브 위에서 연주하는가? 등, 프레이즈에 맞춰서 조정할 수 있도록 연습해두자.

그림2　루트음과 3도의 위치관계

◎루트음(E음)　△마이너3rd(G음)　▲메이저3rd(G♯음)

3도의 위치는 루트음과 세트로 기억하는 것이 좋다

[아르페지오] 분산화음 및 그 주법이다. 코드의 구성음을 동시에 연주하는 것이 아니라, 연속적으로 위, 또는 아래부터 연주한다. 각 음을 충분히 늘이면서 연주해야 한다

신병훈련 프로그램12
~16비트~

그루브감 향상을 위한 16비트 프레이즈

 · 강약을 컨트롤하면서 억양을 주자!
· 해머링&풀링을 익히자!

 목표템포 ♩=130

모범연주 **TRACK 12** (DISC1)
반주트랙 **TRACK 12** (DISC2)

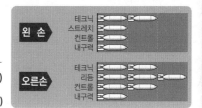

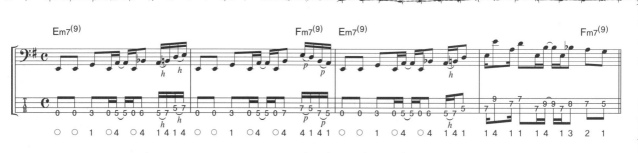

16비트는 그루브가 생명이다. 발로 4분음의 리듬을 유지하면서 몸으로 16분음을 느끼자. 도중에 등장하는 해머링과 풀링은 음량을 일정하게 유지할 수 있도록 하는 것이 중요하다. 4소절 1&2박자 째의 줄 뛰어넘기&바레는 리듬이 흐트러지기 쉬우므로 주의하자.

위의 프레이즈를 연주할 수 없는 사람은 이것으로 수행하라!

 **초급** 16비트에서 쉼표를 정확하게 유지하는 연습. 실수로 쉼표부분에서 노이즈가 나지 않도록 뮤트를 하자!   CD TIME 0:15~

중급 해머링을 사용하며 힘차게 연주하자   CD TIME 0:31~

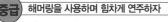

고급 고스트 노트(헛 피킹)는 왼손을 프렛에서 띄우면서 뮤트를 하자!   CD TIME 0:46~

No.12와 관련해서…PART.1 P.20 [줄 두드리기 소년 A팀]을 연주하면 경험치가 증가할 것이다!

 **주의점 1** 이론

몸 전체를 사용해서 리듬을 유지하자!

16비트는 베이시스트가 그루브를 가장 잘 조정할 수 있는 리듬으로, 이른바 '골든 비트'라 표현하기도 한다. 다만 실제 연주할 때에는 음표와 쉼표를 정확하게 지키고, 강약도 정확하게 줘야 한다. 그루브를 내기 위해서는 4분음 타이밍으로 발을 움직이면서, 머릿속으로는 '따따 · 따따 · 따따 · 따따···'로 탬버린을 16분음 리듬으로 흔든다는 생각을 하자(그림1). 그리고 상반신으로 8분음 뒷박자를 의식하면서 몸 전체로 리듬을 셀 수 있게 되면 훨씬 그루브 표현력이 좋아질 것이다.

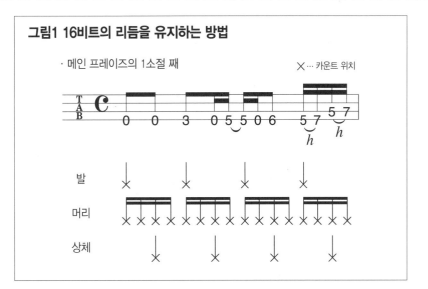

그림1 16비트의 리듬을 유지하는 방법

 **주의점 2** 왼손

그루브와 고속 연주를 가능하게 하는 해머링을 익히자!

해머링(사진①&②)은 그루브를 내기 위한 필수 테크닉 중의 하나다. 풀 피킹으로 연주하면 딱딱한 분위기가 되기 쉽지만, 해머링을 사용하면 레가토 느낌과 매끄러운 '흐름'을 연출할 수 있다. 이 '흐름'을 잘 이용하면 리듬에 '파도'를 만들 수 있으며, 이 리듬의 파도로 그루브를 연출하는 것이다. 해머링을 사용하면 피킹을 간략하게 할 수 있으므로 음수를 쉽게 늘릴 수 있다. 해머링을 마스터해서 그루비한 프레이즈나 속주에 적절하게 대응하자.

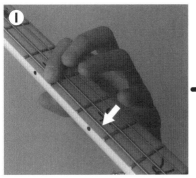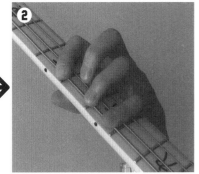

해머링의 기본 동작. 먼저 로우 포지션을 지판으로 누르고

왼손의 다른 손가락으로 지판을 때려서 소리를 낸다. 손가락으로 똑바로 내리치도록 하자

 **주의점 3** 왼손

지문을 문지르는 느낌으로 줄을 할퀴면서 손가락을 떼자

풀링은 지판을 누르고 있던 손가락을 줄에서 떼면서 소리를 내는 테크닉이다. 다만 손가락을 줄에서 똑바로 떼면 또렷한 음이 나지 않으므로, 지문을 문지르듯이 할퀴면서 연주하는 것이 중요하다(그림2). 풀링은 해머링과 마찬가지로 그루브를 내기 위한 중요한 테크닉이다. 또한 태핑 등의 상급 테크닉을 연주할 때에도 필요하다. 앞으로 독자 여러분이 목표로 삼은 화려한 테크닉의 원형 중 하나이므로, 해머링과 함께 많이 연습해두자. 우선은 초급 프레이즈의 4소절 째 등을 활용해 풀링의 기본동작을 손가락에 익히자.

그림2 풀링을 연주하는 방법

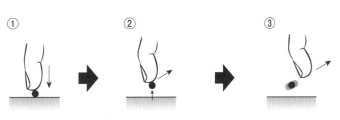

① 줄을 누른다

② 손가락의 힘을 빼면서 비스듬하게 줄을 할퀸다

③ 손가락을 떼면 줄이 진동하면서 소리가 난다

지옥의 브레이크 타임

홈 그라운드!
저자가 소속되어 있는 밴드

현재 저자는 2개의 밴드에서 활동하고 있다. 그 중 하나가 2002년에 루크 타카무라(보컬 & 기타), 라이덴 유자와(드럼)와 함께 결성한 CANTA 다. 메시지가 강한 가사와 트리오 특유의 유연한 플레이 스타일을 무기로 아름다운 발라드부터 격렬한 록 넘버까지 다채로운 곡들을 발표하고 있으며, 2009년에는 여섯 번째 오리지널 앨범 〈Green Horn〉을 발표했다.

그리고 또 하나의 밴드가 '지옥 시리즈'의 저자인 코바야시 신이치(기타), GO(드럼), NOV(보컬)로 구성된 지옥 콰르텟이다. '지옥 시리즈'는 다양한 4소절 프레이즈를 게임처럼 공략하는 것이 매력이다.

지옥 콰르텟의 곡들도 하나의 곡 안에 수많은 프레이즈를 넣어서 격렬하게 전개되기 때문에, 어느 부분을 연주해도 좋은 연습이 될 것이다. 필자는 이러한 지옥 콰르텟의 음악성을 '스핀오프 메탈'이라고 정의하며 메탈의 새로운 가능성을 제시했다고 생각한다. 2010년 5월에는 두 번째 앨범 〈선율의 지옥유희〉를 발매했으므로 기회가 된다면 체크해보기 바란다.

CANTA
〈Green Horn〉
이 책에서 소개하고 있는 테크니컬한 플레이를 어떻게 효과적으로 '앙상블로 연주할 것인가?'라는 것을 배울 수 있는 앨범이다.

지옥 콰르텟
〈선율의 지옥유희〉
첫 번째 앨범보다 다채로운 악곡이 수록된 두 번째 앨범. 이 책을 보고 있는 독자라면 직접 연주에 도전해보기 바란다.

The Inferno 2

돌격

슬랩 전법으로 처치하라

[슬랩 엑서사이즈]

슬랩(섬핑과 풀의 컴비네이션)이 만들어내는
강력한 저음과 찢어지는 듯한 고음을 자신의 것으로 만들 수 있다면
관객들에게 압도적인 충격을 줄 수 있다.
'The Inferno 2'에서는 슬랩의 기본 패턴부터
발전형인 업 다운 연주, 3&4 연속 풀 프레이즈 등을 전수한다.
오른손을 와일드하게 흔들면서 파워풀한 사운드를 뽑어내자!

13

초공격 미사일 '섬핑'
1호

기초 섬핑 엑서사이즈

· 섬핑의 기본 동작을 익히자!
· 손목을 콤팩트하게 돌리자!

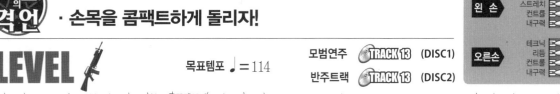

왼 손	테크닉 / 스트레치 / 컨트롤 / 내구력
오른손	테크닉 / 리듬 / 컨트롤 / 내구력

LEVEL

목표템포 ♩=114

모범연주 TRACK 13 (DISC1)
반주트랙 TRACK 13 (DISC2)

오른손 엄지손가락만으로 연주한다. 섬핑은 손목 회전을 이용하면서 줄을 신속하게 때리고, 손가락을 재빨리 떼는 '히트&어웨이'가 포인트다. 문고리를 잡고 좌우로 돌리는 이미지로 손목을 움직이자.

위의 프레이즈를 연주할 수 없는 사람은 이것으로 수행하라!

초급 각 줄을 섬핑으로 확실하게 연주할 수 있도록 오른손의 힘을 기르자!

CD TIME 0:16~

중급 섬핑 2연속 때리기. 팔이 아니라 손목의 회전을 이용하자!

CD TIME 0:35~

고급 4분음 섬핑과 8분음 섬핑 연습으로 섬핑의 컨트롤 능력을 기르자!

CD TIME 0:51~

No.13과 관련해서…PART.1 P.104 [남자의 슬랩 프리 스타일]을 연주하면 경험치가 급속히 증가한다!

주의점 1　오른손

손목의 회전을 이용해 줄을 때리자!

슬랩 주법은 오른손 엄지손가락으로 줄을 때리는 '섬핑'과 1번 손가락으로 줄을 당기는 '풀'을 조합한 테크닉이다. 여기서는 섬핑의 기본적인 연주방법을 설명하겠다(사진①&②). 섬핑의 최초의 난관은 소리를 제대로 낼 수 있느냐?하는 것이다. 엄지손가락의 제1관절의 측면으로 베이스 넥의 마지막 프렛 부근을 때려보기 바란다(사진③&④). 팔을 위아래로 움직이면 음색과 음량이 고르지 않고, 빠른 연타도 할 수 없으므로 주의하자. 기본적으로는 팔을 줄 가까운 곳에 고정하고 손목의 회전을 사용해 줄을 두드리자. 오른손으로 문고리를 잡고 돌린다는 생각으로 손목을 움직여보자.

섬핑은 엄지손가락을 위로 올린 후

줄을 힘차게 두드려서 어택음을 낸다

섬핑은 엄지손가락 제1관절의 측면을 사용한다

섬핑하는 곳은 마지막 프렛 부근이 좋다

주의점 2　오른손

손목을 콤팩트하게 돌려서 섬핑을 신속하게 두드리자!

이 엑서사이즈처럼 섬핑만 사용하는 프레이즈를 공략하기 위해서는 엄지손가락을 집중적으로 단련하고, 오른쪽 손목의 회전 속도를 높이는 것이 포인트다. 섬핑은 야구의 타자의 스윙과 비슷해서, **크게 휘두를수록 볼을 정확하게 맞추기 힘들다[주].** 그러므로 콤팩트한 스윙을 하는 것이 중요하다(사진⑤~⑧). 특히 초보자는 섬핑의 소리를 크게 내려고 오른손을 필요 이상으로 크게 휘두르는 경우가 많으므로 주의하자. 우선은 왼손을 사용하지 않는 초, 중, 고급 프레이즈를 이용해 올바른 섬핑 연주방법을 오른손에 익히자!

엄지손가락을 크게 휘두르면

섬핑 연타를 하기 힘들어지므로 주의하자!

콤팩트한 움직임으로

신속하게 연주하자

~ 칼럼 7 ~

교관의 칼럼

록 밴드에게 베이시스트의 슬랩은 멋진 연주를 선보일 수 있는 기회다. 따라서 음량이 올라가도 슬랩의 사운드가 선명하게 들리는 것이 중요하다. 필자는 라이브에서는 멀티 이펙터 안의 이퀄라이저의 하이와 로우를 올리고(그림1), 게인도 올린다(참고로 슬랩 때에 SansAmp에서 제작된 Bass Driver를 사용하는 베이시스트도 많다). 슬랩할 때에 고역과 저역을 올리는 것은 이미 일반적인 수법이지만, 독자 여러분도 이것을 참고하여 자신만의 슬랩 사운드를 찾아보기 바란다.

고역과 저역을 올려서 선명한 사운드를 만들자! 슬랩의 사운드 메이크 방법

그림1　고역과 저역이 높은 세팅

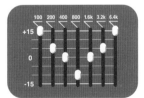

V자형으로 세팅해서 고역과 저역을 부스트한다. 어택이 강한 사운드로 만들자.

[크게 휘두를수록 볼을 정확하게 맞추기 힘들다] 홈런만 노리는 것이 아니라 꾸준히 안타를 치는 것도 좋은 방법이다. 격렬하게만 연주하는 것이 아니라 상황에 따라서 연주방법을 바꿔야만 한다!

초공격 미사일 '섬핑'
2호

뮤트를 추가한 섬핑 엑서사이즈

· 뮤트를 활용한 그루브를 만들자!
· 프레이즈 전체의 흐름을 머릿속에 넣어두자!

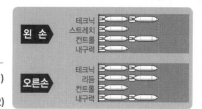

목표템포 ♩=98

모범연주 **TRACK 14** (DISC1)
반주트랙 **TRACK 14** (DISC2)

타악기 연주에서 힌트를 얻은 연주법인 슬랩 프레이즈에 뮤트를 도입하면 그루브가 훨씬 좋아진다. 뮤트는 오른손으로 줄을 두드리는 순간에 왼손을 띄우는 식으로 사용하지만, 한 손가락으로는 하모닉스음이 날 수 있으므로 여러 손가락을 사용하는 것이 중요하다. 16분음의 그루브를 의식하면서 연주하자.

위의 프레이즈를 연주할 수 없는 사람은 이것으로 수행하라!

초급 실음과 뮤트음을 교대로 치는 연습. 뮤트의 타이밍에 주의하자 ▷　　　　　　CD TIME 0:18~

중급 뮤트음이 제대로 날 수 있도록 섬핑을 하자 ▷　　　　　　CD TIME 0:36~

고급 리듬이 약간 복잡하므로 프레이즈를 입으로 노래하면서 연주하자 ▷　　　　　　CD TIME 0:55~

No.14과 관련해서…PART.1 P.102 [맞는 거 좋아하냐?]를 연주하면 경험치가 급속히 증가한다!

주의점 1  왼손

헛 피킹에서 왼손&오른손 사용방법

이 엑서사이즈에서 다루는 헛 피킹은 펑크 계열의 16비트 프레이즈에서 많이 사용한다. 기본적으로는 뮤트음(고스트 노트[주])을 연주하므로 실제 연주에서는 뮤트를 하는 방법에 주의하는 것이 중요하다. 왼손은 지판을 누르는 힘을 빼면서 줄에 가볍게 대자. 손가락 하나로 소리를 멈추려고 하면 뮤트음이 아니라 하모닉스음이 나는 경우가 많으므로 여러 손가락을 사용하자(사진①&②). 헛 피킹이라도 오른손의 힘을 빼서는 안 된다. 오히려 제대로 연주해야 어택감을 살릴 수 있다. 헛 피킹을 마스터해서 그루브감을 높이자.

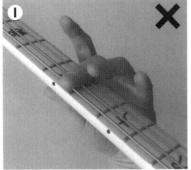

하모닉스음이 날 수 있으므로 손가락 하나로 뮤트해서는 안 된다

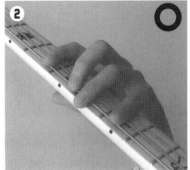

여러 손가락으로 확실한 뮤트를 하는 것이 중요하다. 손가락 힘을 적절하게 빼자

주의점 2 이론

전체의 흐름을 이해하고 그루브를 잘 살리자!

16비트 프레이즈에서 리듬과 그루브를 살리기 위해서 기타는 헛 피킹, 드럼은 고스트 노트를 사용하는 경우가 있다. 마찬가지로 베이스는 뮤트음과 해머링&풀링 등의 테크닉을 사용해서 생동감을 표현하는 경우가 많다. 이번 장의 메인 프레이즈는 악보의 음표를 눈으로 쫓으면서 연주하면 그루브를 제대로 살릴 수 없다. 실음과 뮤트음을 정확하게 구분하여 연주하면서 해머링으로 레가토를 표현하고, 쉼표의 길이를 이해하는 것이 중요하다(그림1). 1음 1음을 순간적으로 처리(=연주)하는 것이 아니라, 프레이즈 전체를 통해서 연주하는 의식을 가지자. 프레이즈 전체가 파악이 안 되는 사람은 결코 그루브를 다룰 수 없다!

그림1 음 길이의 이미지

· 메인 프레이즈 1소절 째

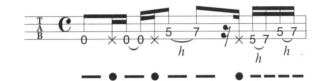

프레이즈 전체의 흐름을 이해한 후, 각 음을 '점'과 '선'으로 파악하면 그루브를 살릴 수 있다

~칼럼8~
교관의 칼럼

록 계열 슬랩 베이시스트들은 스트랩 길이에도 신경을 써라!

베이시스트들에게는 옛날부터 '슬랩을 할 수 있는 사람=베이스 실력이 뛰어난 사람'이라는 고정관념이 있었다. 그래서 많은 베이시스트가 슬랩을 동경한다. 서서 연주할 때에는 베이스를 드는 높이에 따라 스타일이 바뀐다(사진③). 베이스를 높은 위치로 들면 업&다운을 하기 쉬워져서 일반적인 슬랩을 연주하기 쉬워진다. 한편 낮은 위치로 들면 업&다운을 하기 힘들지만, 팔을 크게 흔들 수 있어서 어택감이 강한 사운드를 내기 쉬워진다. 어느 쪽이든 장단점이 있으므로 각자 자신의 스타일을 찾는 것이 중요하다.

(왼쪽)높은 위치로 들면 업&다운을 연주하기 쉽다. (오른쪽)낮은 위치로 들면 팔을 크게 흔들 수 있으므로 어택감이 강한 사운드를 낼 수 있다

[고스트 노트] 실제로는 연주하고 있지 않은데 연주하고 있는 것처럼 들리는 음과 음량이 매우 작은 음을 말한다. 음량은 작지만 그루브를 내기 위한 중요한 양념이 되므로 정확하게 연주할 수 있도록 하자.

목표를 향해 슬랩으로 돌격!
첫 번째 타격

섬핑&풀 콤비네이션 프레이즈 1

· 풀은 강하게 연주하자!
· 엄지손가락과 1번 손가락의 콤비네이션에 주의하자!

LEVEL 🔫🔫

목표템포 ♩=146

모범연주 🔘TRACK 15 (DISC1)
반주트랙 🔘TRACK 15 (DISC2)

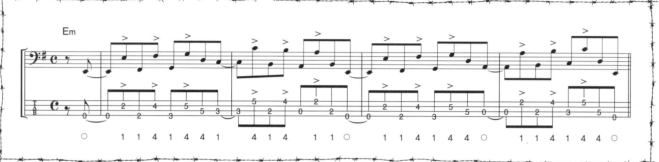

줄을 때리는 '섬핑'과 할퀴는 '풀'이 부부처럼 짝을 이루는 것이 슬랩의 기본이다. 엄지손가락으로 섬핑하는 순간에 1번 손가락을 줄 아래에 넣고 풀을 위한 대기상태에 들어가는 것이 중요하다. 섬핑과 풀의 타이밍에 주의하자.

위의 프레이즈를 연주할 수 없는 사람은 이것으로 수행하라!

초급 루트음을 섬핑하고 1옥타브 높은 루트음을 풀로 연주해보자! CD TIME 0:13~

중급 2번 줄을 풀 할 때, 손가락이 1번 줄에 걸리기 쉬우므로 주의하자 CD TIME 0:31~

고급 섬핑&풀의 순서가 각 박자마다 변하고 있다. 리듬이 흐트러지지 않도록 주의하자 CD TIME 0:49~

No.15과 관련해서…PART.1 P.104 [남자 슬랩 프리 스타일]을 연주하면 경험치가 급속히 증가한다!

주의점 1　오른손

줄이 끊어질 정도로 세게 당기자!

여기서 테마는 섬핑과 풀의 콤비네이션이다. 섬핑은 P.37에서 설명했으니 여기서는 풀에 대해 설명하겠다. 풀은 1번 손가락(2번 손가락을 사용하는 사람도 있다)을 줄 밑에 넣고 줄을 당기면서 어택음을 내는 테크닉이다. 당길 때에는 줄이 끊어질 정도로 세게 당기자. 슬랩은 일반적으로 섬핑(루트음)과 풀(1옥타브 높은 루트음)의 콤비네이션을 사용해서 퍼커시브한 사운드를 낸다(사진 ①~④). 따라서 섬핑을 하면서 미리 1번 손가락을 줄 밑에 넣어두는 것이 좋다. 풀의 타이밍이 늦어지면 그루브가 제대로 살지 못한다. 1번 손가락을 재빨리 움직이자.

슬랩의 콤비네이션. 우선 엄지손가락을 들어올려서

섬핑을 연주한다. 이때, 미리 풀까지 준비해둔다

엄지손가락을 줄에서 떼면서 1번 손가락을 1번 줄에 걸어서

어택감이 있는 사운드를 내자!

주의점 2　이론

3글자 단어를 입으로 노래하면서 리듬을 정확하게 타자

고급 프레이즈는 섬핑과 풀의 콤비네이션을 더욱 강화하기 위한 엑서사이즈다. 셋잇단음 프레이즈이므로 기본적으로 '보라매' 등의 3글자의 단어를 이용해서 리듬을 탄다[주]. '보라매'의 어느 부분에 풀이 들어갈 것인지를 이해해두는 것이 중요하다(그림1). 이 프레이즈에서는 각 소절 모두 1박자 째에는 '매', 2박자 째에는 '라', 3박자 째에는 '보'와 '매', 4박자 째에는 '라'와 '매'의 위치에 풀이 들어간다. 실제로 연주할 때에는 4분음으로 발을 구르면서 '보라매, 보라매~'라고 노래하면서 연주해보자. 자신의 목소리와 베이스 연주가 맞아떨어지도록 연습하자! 여기서는 섬핑과 풀의 콤비네이션으로 셋잇단음을 정확하게 연주할 수 있는 리듬감을 기르자.

그림1　풀이 들어가는 위치

· 고급 프레이즈 1소절 째

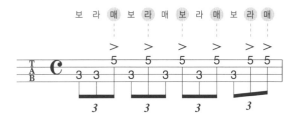

3글자 단어를 발음하면서
그 단어의 어느 부분에 풀이 들어가는지 이해해두자

섬핑은 베이스 드럼, 풀은 스네어!?
슬랩과 드럼의 밀접한 관계

슬랩이 탄생하게 된 계기는, 어느 날 밴드 리허설에 드러머가 못 와서 래리 그레이엄이 섬핑으로 베이스 드럼, 풀로 스네어를 흉내 내면서 연주한 것이라고 한다. 이 이야기의 진위는 알 수 없지만, 이 에피소드를 실천하는 것이 슬랩 실력 향상의 지름길이다. 즉, 베이시스트가 슬랩을 연주할 때에는 드러머의 역할까지 겸한다고 의식하는 것이 좋다(그림2). 이것을 염두에 두고 섬핑과 풀의 콤비네이션을 연습하면 자연스럽게 연주의 그루브가 좋아질 것이다.

그림2　드럼과 슬랩

· 초급 프레이즈 1소절 째

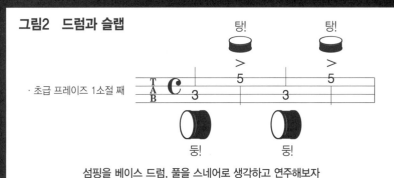

섬핑을 베이스 드럼, 풀을 스네어로 생각하고 연주해보자

[단어를 이용해서 리듬을 탄다] P.25에서도 설명했듯이, 각 리듬에 맞는 음절의 단어로 리듬을 타는 방법은 매우 효과적이다. 쉼표에도 단어를 넣어보면 리듬을 일정하게 유지할 수 있다. 직접 해보자!

목표를 향해 슬랩으로 돌격!
두 번째 타격

섬핑&풀 콤비네이션 프레이즈2

 · 오른손 손목을 부드럽게 회전시키자!
· 바레를 활용해서 불필요한 움직임을 줄이자!

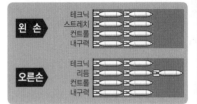

LEVEL 목표템포 ♩=130   모범연주 TRACK 16 (DISC1)
반주트랙 TRACK 16 (DISC2)

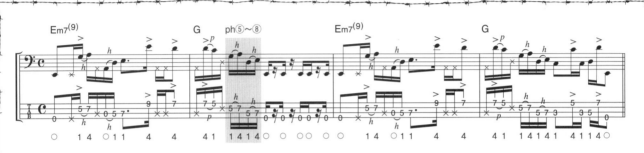

섬핑, 풀, 뮤트, 해머링&풀링을 사용하는 슬랩의 대표적인 콤비네이션 프레이즈. 그루브를 살리는 것이 목표다. 처음에는 프레이즈를 한 소절씩 익힌 다음, 익숙해지면 연결해서 연습해보자. 16비트의 필링을 정확하게 표현하자.

위의 프레이즈를 연주할 수 없는 사람은 이것으로 수행하라!

초급 먼저 섬핑 3번+풀 1번의 콤비네이션을 익히자!   CD TIME 0:14~

중급 풀의 음이 너무 늘어지지 않도록 의식하면 플레이가 타이트해진다   CD TIME 0:32~

고급 4소절 째의 16분음 뒷박자에 들어가는 풀은 리듬이 흐트러지기 쉬우므로 주의하자   CD TIME 0:47~

No.16과 관련해서…PART.1 P.102 [맞는 거 좋아하나?]를 연주하면 경험치가 급속히 증가한다!

주의점 1 ✋오른손

오른손 손목에 힘을 빼고 부드럽게 회전시키자!

　여기서는 실제 곡에서 많이 들을 수 있는 대표적인 슬랩 패턴을 연습해보자. 메인 프레이즈는 ①엄지손가락으로 때리는 섬핑, ②1번 손가락으로 당기는 풀, ③왼쪽 손가락을 띄워서 섬핑하는 뮤트음, ④왼손 해머링&풀링,의 4가지 테크닉을 사용하고 있다. 이 테크닉들을 잘 조합하면 '콤비네이션 슬랩[주]'이 완성된다. 이 프레이즈는 오른손 섬핑이 많기 때문에 팔의 불필요한 힘을 빼고 손목을 부드럽게 회전시키는 것이 포인트다(사진 ①~④). 그리고 실음과 뮤트음의 음량을 확실하게 구분하지 않으면 그루브를 잘 살릴 수 없으므로 주의하자.

1 섬핑을 연속적으로 할 때에는

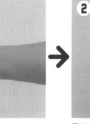

2 문고리를 돌린다는 생각으로 하면 좋다

3 이미지 트레이닝. 1번 손가락을 고정하면

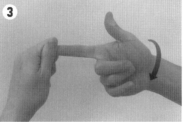

4 불필요한 동작을 줄인 손목의 움직임을 익힐 수 있다

주의점 2 👐오른손&왼손

바레를 활용해서 불필요한 움직임을 줄이자!

　메인 프레이즈는 1소절 째의 섬핑에 주의할 필요가 있다. 2박자 째의 3번 줄 뮤트음과 개방현 섬핑, 4박자 째의 16분음 리듬으로 2번 연속하는 뮤트음은 모두 엄지손가락 연타이므로, 정확하게 때릴 수 있도록 연습하자. 이어지는 2소절 1&2박자 째의 풀링으로 연주하는 뮤트→풀, 해머링으로 연주하는 뮤트→섬핑 콤비네이션도 중요한 포인트다. 베이스는 저음현보다 고음현 쪽의 뮤트음을 내기 힘들므로, 고음현을 사용하는 이 부분에서는 엄지손가락을 단단히 고정하자. 또한 왼손도 바레를 이용해서 원활하게 움직여보자(사진 ⑤~⑧). 단단히 각오하고 도전하자!

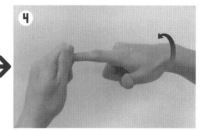

5 ✕ 바레를 하지 않고 각 줄을 누르려고 하면

6 ✕ 불필요한 동작이 늘어난다

7 ⭕ 1번 손가락으로 5프렛을 바레하면

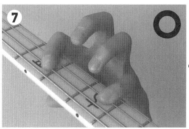

8 ⭕ 줄 이동을 원활하게 할 수 있다!

~칼럼 10~

교관의 칼럼

저자 MASAKI가 소개하는 슬랩의 명인

　여기서는 슬랩의 명인들을 소개하겠다. 우선 밴드로서도 베이시스트로서도 최고의 위치에 군림한 레드 핫 칠리 페퍼스의 플리. 레드 핫 칠리 페퍼스의 초기 작품에서는 호쾌한 슬랩을 들을 수 있다. 로버트 트루히요가 참가한 인펙셔스 그루브스의 앨범 또한 메탈리카에서는 들을 수 없는 통쾌한 슬랩이 가득하다. 그리고 레스 클레이풀이 이끄는 베이스 주도의 변태 밴드, 프라이머스와 고속 슬랩의 달인인 마크 킹(레벨42)도 많은 참고가 될 것이다. 물론 '원조 슬래퍼'인 래리 그레이엄과 루이스 존슨, 이상적인 슬랩 사운드를 이루어낸 마커스 밀러의 연주도 들어보자.

마크 킹
〈Influences〉
펑크 퓨전 밴드, 레벨42의 리더인 마크의 첫 번째 솔로앨범이다. 슬랩을 중심으로 한 기교파 플레이가 압권이다.

마커스 밀러
〈The Sun Don't Lie〉
데이비드 샌본, 오마 하킴, 마일스 데이비스 등의 유명 연주자들의 에너지가 넘치는 연주를 들을 수 있는 명작이다.

[콤비네이션 슬랩] 뮤트음과 해머링&풀링을 사용한 대표적인 슬랩 주법. 음의 길이와 강약에도 주의하면 그루브를 더욱 잘 살릴 수 있다.

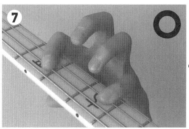

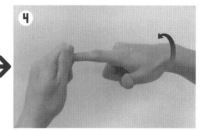

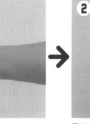

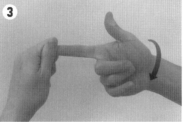

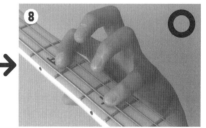

17

이것이 바로 황금의 왼손!

왼손 뮤트를 활용한 슬랩 엑서사이즈

· 왼손으로 줄을 때려서 뮤트음을 내자!
· 폴리리듬에 주의하자!

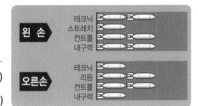

왼 손	테크닉	
	스트레치	
	컨트롤	
	내구력	
오른손	테크닉	
	리듬	
	컨트롤	
	내구력	

목표템포 ♩=128

모범연주 **TRACK 17** (DISC1)
반주트랙 **TRACK 17** (DISC2)

왼손 뮤트는 여러 손가락으로 넥을 때리면서 퍼커시브한 사운드를 내는 테크닉이다. 손가락을 하나만 사용하면 실음이 나므로, 여러 손가락으로 줄을 때리자.
우선은 1소절 1박자 째의 오른손 섬핑→왼손 뮤트→오른손 섬핑→풀의 콤비네이션에 익숙해지자!

위의 프레이즈를 연주할 수 없는 사람은 이것으로 수행하라!

초급 왼손 뮤트만으로 4분음을 연주하자   CD TIME 0:15~

♩=124

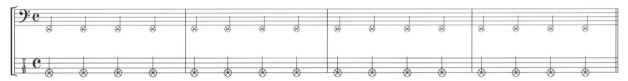

중급 8분음 리듬으로 오른손 섬핑과 왼손 뮤트를 교대로 연주하자   CD TIME 0:30~

♩=124 Em

simile ~

고급 왼손 뮤트를 사용한 16분음 프레이즈. 독특한 타임감에 주의하자!   CD TIME 0:47~

♩=124 Em

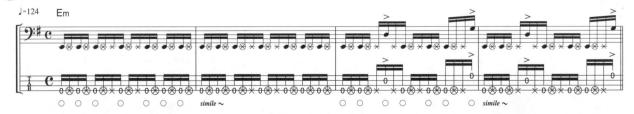

simile ~

No.17과 관련해서…PART.1 P.106 [타격은 오른손만으로 하는 것이 아니다]를 연주하면 경험치가 급속히 증가한다!

주의점 1　오른손&왼손

음수를 쉽게 늘릴 수 있는 왼손 활용 슬랩 플레이

슬랩에서 손쉽게 음수를 늘릴 수 있는 방법[주] 중에서 왼손으로 줄을 때려서 뮤트음을 내는 테크닉(=음정이 없는 왼손의 태핑)이 있다. 4번 줄의 뮤트음을 낼 경우는 왼손 2번, 3번, 4번 손가락으로 동시에 4번 줄을 때리면서 1번 손가락으로 3~1번 줄을 뮤트한다(사진①~④). 고스트 노트가 목적이므로 뮤트를 확실하게 하는 것이 중요하다. 때리는 곳은 특별히 정해지지 않았지만, 로우 포지션을 때리는 편이 효과적이다. 이 테크닉은 왼손&오른손의 콤비네이션이 핵심이므로 양손의 움직임을 정확하게 맞추는 것이 중요하다. 익히고 나면 속사포처럼 빠른 연주를 할 수 있게 된다!

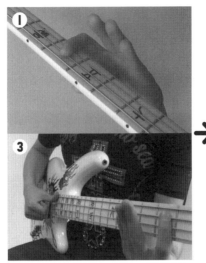
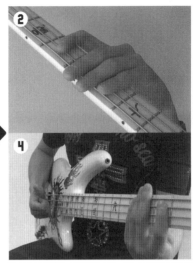

섬핑을 할 때에는 왼손 1번 손가락으로 1~3번 줄을 뮤트하자. 동시에 왼손의 다른 손가락들은 줄을 때리는 준비를 해두자!

왼손으로 뮤트하는 것은 2번, 3번, 4번 손가락을 모두 사용하는 것이 중요하다. 4번 줄을 힘차게 때려서 뮤트음을 내자

주의점 2　이론

음이 나뉘는 단위를 염두에 두고 뮤트음을 연주하자!

메인 프레이즈 1소절 째는 16분음이 6음→6음→4음 단위로 나누어진 폴리리듬 스타일이다(그림1). 첫 번째 6음 프레이즈는 4번 줄 개방현을 섬핑→왼손으로 때리는 뮤트음→일반적으로 왼손을 띄운 뮤트로 섬핑→1번 줄 개방현을 풀→16분 쉼표→1번 줄 개방현을 풀로 연주하는 패턴이다. 이 6음 패턴이 이 프레이즈의 기본 콤비네이션이므로 확실하게 외워두자! 2음 째와 3음 째의 뮤트음을 각각 다른 연주방법으로 소리내는 것이 포인트이므로 음이 약해지지 않도록 주의하면서도 또렷한 고스트 노트를 울릴 수 있도록 음량조절에 주의하자.

그림1　음을 나누는 방법

· 메인 프레이즈 1소절 째

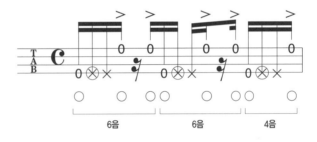

6음 프레이즈는 2음 째와 3음 째의 뮤트음을 연주하는 방법이 다르므로 주의하자!

~칼럼11~

교관의 칼럼

발상은 드럼의 투 베이스와 같다!? 왼손 활용 슬랩의 장점

드러머가 베이스 드럼을 연타할 경우, 당연히 원 베이스(한 발)보다 투 베이스(두 발) 쪽의 스피드가 빠르다(한쪽 발로는 밟는 횟수에 한계가 있기 때문). 여기서 소개하고 있는 왼손 뮤트도 드럼의 투 베이스와 같은 발상으로 양손을 사용하면 효율적으로 음수를 늘릴 수 있다(그림2). 특히 베이스를 낮게 잡는 록 스타일에서는 오른손 엄지손가락으로 업다운을 하기 힘들기 때문에, 왼손 뮤트는 큰 도움이 된다. 이 페이지의 엑서사이즈를 활용하면 균형 잡힌 양손 연타를 할 수 있게 될 것이다!

그림2　양손을 사용하는 장점

양 손(양 발)을 사용하면
한 손(한 발)보다 효율적으로 음수를 늘릴 수 있다

[손쉽게 음수를 늘릴 수 있는 방법] 음수를 늘린다=빠르게 연주하기 위해서는 단련이 중요하다. 하지만 한 단계 위의 베이시스트를 목표로 한다면 엑서사이즈만 하지 말고, 효율적인 연주방법을 찾아보는 것도 중요하다.

엄지손가락 특별 훈련!

엄지손가락 업&다운 주법을 사용한 슬랩 프레이즈

교관의 격언
· 엄지손가락의 업&다운을 마스터하자!
· 변칙적인 더블 풀에 도전하자!

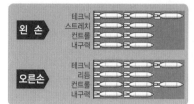

| 왼 손 | 테크닉 / 스트레치 / 컨트롤 / 내구력 |
| 오른손 | 테크닉 / 리듬 / 컨트롤 / 내구력 |

LEVEL 목표템포 ♩=132

모범연주 **TRACK 18** (DISC1)
반주트랙 **TRACK 18** (DISC2)

시작부분의 더블 풀은 1번 줄을 일반적인 풀, 2번 줄을 엄지손가락 업으로 줄을 할퀴듯이 풀을 한다. 1소절 째 후반부터 등장하는 업다운 주법은 엄지손가락을 축으로 손목을 회전시키면서 손톱의 끝부분으로 줄을 튕긴다. 전체적으로 음량이 작아지지 않도록 주의하자!

위의 프레이즈를 연주할 수 없는 사람은 이것으로 수행하라!

초급 1소절 째는 다운만으로, 2소절 째는 다운→업으로 연주하자 ▷
CD TIME 0:15~

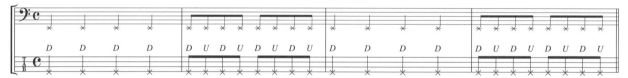

중급 1박자마다 줄 이동을 하면서 다운&업으로 피킹하자 ▷
CD TIME 0:31~

고급 1박자 째 마지막의 엄지손가락 다운에서 2박자 째의 풀로 연결하는 손가락 사용에 주의하자! ▷
CD TIME 0:46~

No.18과 관련해서…PART.1 P.108 [엄지손가락 활용법]을 연주하면 경험치가 급속히 증가한다!

주의점 1 🖐오른손

음수를 단숨에 늘릴 수 있는 엄지손가락 다운&업 연주

여기서 연습하는 엄지손가락의 다운&업 연주는 일반적인 슬랩보다 음수를 훨씬 많이 연주할 수 있는 연주법이다. 이 연주법을 사용하면 피크 연주와 비슷한 음색으로 섬핑을 연타할 수 있다. 연주방법은 엄지손가락 끝부분을 사용해서 손가락 지문 쪽으로 다운, 손톱 쪽으로 업을 한다(사진 ①&②). 섬핑처럼 손목의 회전을 이용하면서 줄을 내리치는 다운, 손목을 되돌리면서 올릴 때에 업을 연주한다. 피킹은 지판 위가 아니라 보디 위에서 한다. 이 점에 주의하자(사진③&④).

다운은 엄지손가락 측면으로 한다

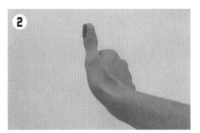

업은 엄지손가락 손톱을 사용한다

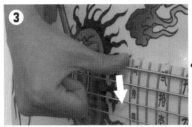

보디 위에서 다운을 연주한다

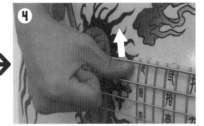

업은 엄지손가락 손톱을 걸듯이 한다

주의점 2 🖐오른손

엄지손가락과 1번 손가락을 사용해서 줄 2개를 힘차게 연주하자

메인 프레이즈 1소절 째 전반부에는 1&2번 줄의 2음을 동시에 풀하는 변칙적인 더블 풀이 등장한다(사진⑤~⑧). 1번 줄은 평소와 마찬가지로 오른손 1번 손가락을 사용하지만, 2번 줄은 엄지손가락으로 업을 하는 요령으로 연주하자. 포인트는 2번 줄 아래에 엄지손가락을 밀어넣을 때, 일반적인 업보다 손가락을 더욱 깊이 넣고 힘차게 당기는 것이다. 또한 엄지손가락과 1번 손가락 풀의 타이밍을 정확하게 맞추는 것도 중요하다. 이 변칙적인 더블 풀은 업다운을 사용해서 슬랩에 트리키함을 더하는 테크닉이므로 초절정 베이시스트를 목표로 한다면 반드시 익혀두자.

2번 줄 풀을 연주하기 직전의 엄지손가락의 위치

엄지손가락과 1번 손가락을 줄 아래에 깊이 넣어서

이쪽은 1번 줄의 풀을 연주하기 직전의 1번 손가락 위치

2줄을 동시에 풀로 연주하자

주의점 3 🖐오른손

다운&업과 풀의 콤비네이션을 익히자!

피크로 연주하는 얼터네이트 피킹의 분위기를 낼 수 있는 엄지손가락 업다운은 음수를 압도적으로 늘릴 수 있으므로, 슬랩 중에서도 상급 테크닉이라고 할 수 있다. 그러므로 마스터하기 위해서는 상당한 끈기가 필요하다. 우선은 초급 프레이즈를 엄지손가락 다운→업으로 정확하게 연주할 수 있도록 오른손을 단련하자. 중급 프레이즈에서는 해머링과 줄 이동을 연습하자. 고급 프레이즈는 다운→업→다운→풀의 콤비네이션을 위한 프레이즈다(사진⑨~⑫). '로마는 하루아침에 이루어지지 않았다[주]'라는 말이 있듯이 엄지손가락 업다운은 꾸준한 연습이 필요하다.

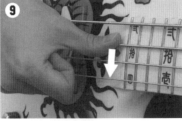

고급 프레이즈 1소절 1박자 째. 우선은 3번 줄을 다운하고

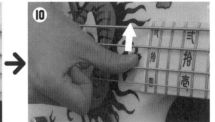

다시 3번 줄을 다운한 후

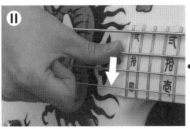

이어서 엄지손가락 손톱으로 업을 연주한다

1번 손가락 풀로 1번 줄을 연주한다

[로마는 하루아침에 이루어지지 않았다] 작은 노력이 쌓여야 비로소 큰일을 이룰 수 있다는 의미로 많이 사용하는 관용구. 매일 꾸준히 연습하는 자세가 중요하다.

19

위협적인 연속 어택

여러 손가락을 활용하는 3연속 풀&4연속 풀 프레이즈

 · 손가락 3개로 연속 풀을 정확하게 연주하자!
· 초절정 기술 '4연속 풀 주법'에 도전하자!

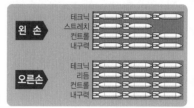

LEVEL 🔫🔫🔫🔫🔫 목표템포 ♩=124

모범연주 🎧TRACK 19 (DISC1)
반주트랙 🎧TRACK 19 (DISC2)

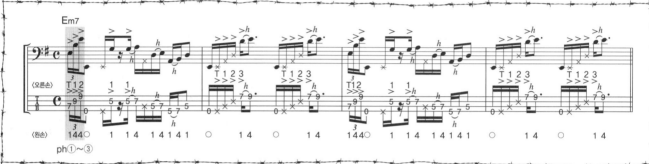

1&3소절 째의 3연속 풀은 엄지와 1번, 2번 손가락을 사용하여 연속적으로 연주한다. 2&4소절 째의 4연속 풀은 3연속 풀 동작에 3번 손가락을 추가해서 네 개의 손가락으로 연주한다. 각 음을 정확하게 연주할 수 있도록 손가락이 줄에 제대로 걸리는지 확인하면서 연습하는 것이 중요하다.

위의 프레이즈를 연주할 수 없는 사람은 이것으로 수행하라!

초급 각 줄에 오른손의 각 손가락을 할당한 4연속 풀의 기본연습. 정확하게 소리를 내자!　　CD TIME 0:15~

중급 실음→3연속 풀→4연속 풀의 콤비네이션 특별훈련!　　CD TIME 0:30~

고급 4소절 째 마지막의 3연속 풀은 엄지손가락의 업을 사용하므로 주의하자!　　CD TIME 0:47~

No.19과 관련해서…PART.1 P.112 [이 필살기, 사실은 내가 개발했습니다]를 연주하면 경험치가 급속히 증가한다!

주의점 1　🖐오른손

오른손의 손가락 3개를 활용하는 필살기 '3연속 풀'

　3연속 풀은 오른손 엄지손가락, 1번 손가락, 2번 손가락을 사용해 고속으로 풀을 연주하는 필살기다. 가장 주의할 점은 '엄지손가락의 풀을 제대로 연주할 수 있는가?'이다. 엄지손가락은 일반적인 풀과는 반대로 위쪽 방향에서 손가락을 줄에 밀어 넣는다. 당기는 힘이 부족하면 제대로 된 소리가 나지 않고 단순한 피킹음이 되어버리므로 주의하자. 우선은 3연속 풀의 기본동작을 오른손에 익힌 다음, 엄지손가락(3번 줄)→1번 손가락(2번 줄)→2번 손가락(1번 줄)의 흐름으로 **각 풀의 음량이 균등[주]해지도록(사진①~③)** 서서히 템포를 올리면서 3연속 풀을 하는 것이 중요하다.

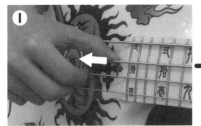
엄지손가락 풀은 위쪽에서 줄을 당긴다

엄지손가락 풀 후에는 1번 손가락 풀을 연주한다

마지막은 2번 손가락의 풀. 각 손가락의 음량차이에 주의

주의점 2　🖐오른손

3연속 풀에 3번 손가락을 추가한 초절정 '4연속 풀'

　이 엑서사이즈에서는 3연속 풀에 오른손 3번 손가락을 추가한 4연속 풀을 사용하고 있다. 4연속 풀은 3연속 풀과 마찬가지로 엄지손가락, 1번 손가락, 2번 손가락, 3번 손가락의 각 손가락을 줄에 걸어서 힘차게 당기는 것이 중요하다. 우선은 초급 프레이즈로 4번 줄:엄지손가락, 3번 줄:1번 손가락, 2번 줄:2번 손가락, 1번 줄:3번 손가락의 기본 포지션을 오른손이 기억하도록 연습하자(사진④~⑦). 초급 프레이즈는 개방현밖에 없으므로 오른손에 집중하면서 정확한 풀을 연습하자. 평소에 자주 사용하지 않는 3번 손가락은 소리가 약해지기 쉬우며, 연습 중에 살갗이 벗겨져서 아플 수도 있을 것이다. 손가락 상태를 확인하면서 조금씩 연습하는 것이 좋다.

4연속 풀의 기본 동작. 4번 줄은 엄지손가락이 담당한다

엄지손가락에 이어서 1번 손가락으로 풀을 연주한다

2번 손가락 풀로 2번 줄을 연주한 후

3번 손가락으로 1번 줄을 연주한다. 음량에 주의하자!

주의점 3　🖐오른손

3연속 풀을 사용해서 고스트 노트를 연주하자!

　빅터 우튼의 특기인 로터리 주법의 패턴 중에는 '다운→업→1번 손가락으로 풀→2번 손가락으로 풀'의 4음 패턴이 있다. 한 번의 손목 회전으로 3음이나 4음을 연주할 수 있어서, 슬랩의 스피드를 올리고 싶을 경우에 큰 도움이 된다. 3연속 풀과 4연속 풀도 한 번의 손목 회전으로 3음이나 4음을 연주할 수 있으므로 로터리 주법과 같은 감각으로 사용할 수 있다. 참고로 3연속 풀은 고급 프레이즈 1소절 1박자 째처럼 뮤트음을 연주하는 것도 효과적이다(사진⑧~⑪). 여기서는 3연속 풀을 사용해서 고스트 노트를 연주하고 있다.

고급 프레이즈 1소절 째. 우선 엄지손가락으로 섬핑

여기서부터 3연속 풀. 엄지손가락으로 3번 줄을 풀한다

이어서 1번 손가락 풀로 2번 줄을 연주한다

마지막은 2번 손가락 풀로 1번 줄을 연주하자

[각 풀의 음이 균등해진다] 빨리 연주할 수 있어도 풀의 음량 차이가 나면 의미가 없다. 꾸준히 연습하면서 각 손가락의 음량이 같아지도록 노력하자!

49

20

분노의 슬랩 토벌 작전

고도의 복합 슬랩 엑서사이즈

· 뮤트음을 정확하게 발음하자
· 고도의 로터리 주법에 도전하자

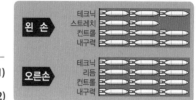

LEVEL 🔫🔫🔫🔫🔫 목표템포 ♩=126　모범연주 🖱TRACK 20 (DISC1)　반주트랙 🖱TRACK 20 (DISC2)

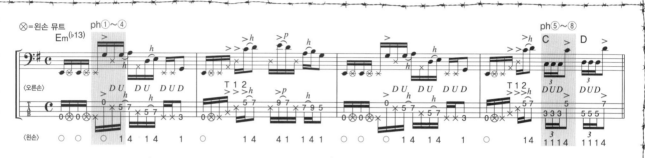

일반적인 슬랩에 왼손 뮤트, 업다운, 3연속 풀을 더한 궁극의 콤비네이션 프레이즈. 우선은 각 테크닉을 철저히 연습하자. 4소절 째 마지막은 반박자 셋잇단 음에 의한 다운→업→다운+풀이다. 빨리 연주할 수 있도록 노력하자!

위의 프레이즈를 연주할 수 없는 사람은 이것으로 수행하라!

No.20와 관련해서…PART.1 P.116 [전부 때려줄까?]를 연주하면 경험치가 급속히 증가한다!

주의점 1 　오른손

뉘앙스를 표현하는 열쇠는 뮤트음이다!

　메인 프레이즈에서는 왼손 뮤트, 다운 업, 3연속 풀 등의 테크니컬한 슬랩을 사용한다. 1소절째는 1박자 째가 실음 섬핑→왼손 뮤트→실음 섬핑→왼손 뮤트이며, 2박자 째가 4번 줄의 뮤트음 섬핑→1번 줄 개방현 풀, 그 이후는 다운 업이다 (사진①~④). 2박자 째 뒷박자의 뮤트음(다운)→해머링(업) 후의 줄 이동에 주의하자. 또한 앞박자와 뒷박자를 정확하게 파악하기 힘들기[주] 때문에, 프레이즈를 몸에 기억시키면서 연습하자. 이런 프레이즈는 '뮤트음을 멋지게 연주하는 것'이 포인트이므로, 음정이 없는 음일수록 신경을 집중해서 연주하는 것이 중요하다!

4번 줄 뮤트음을 섬핑한 후

1번 줄 개방현을 풀로 연주한다

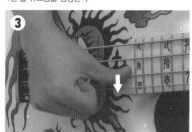
여기서부터 다운 업 주법으로 바꿔서, 다운

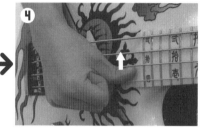
2번 줄 5프렛을 업으로 연주하고, 해머링을 한다

주의점 2 　오른손

다운&업+풀로 연주하는 로터리 주법을 익히자

　메인 프레이즈 4소절 1~2박자 째는 실음 섬핑→왼손 뮤트→4번 줄의 뮤트음 섬핑→3연속 풀로 전환해서, 3번 줄을 엄지손가락으로 풀→2번 줄을 1번 손가락으로 풀→1번 줄 5프렛을 2번 손가락으로 풀→해머링으로 7프렛을 연주하는 흐름이다. 특히 섬핑에서 3연속 풀로 전환하는 부분에 주의하자. 3&4박자 째는 다운 업을 활용하는 로터리 주법으로 3번 줄을 다운→업→다운으로 연주한 후, 1번 줄을 풀로 연주한다(사진⑤~⑧). 스피드가 빠른 다운 업과 풀을 조합한 로터리 주법은 난이도가 상당히 높으므로 충분한 연습이 필요하다.

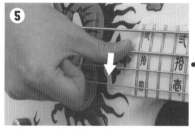
로터리 주법. 우선 3번 줄을 다운으로 연주하고

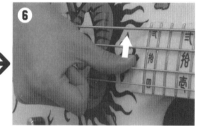
이어서 3번 줄을 업한다

다시 3번 줄을 다운한 후

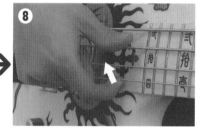
1번 줄을 풀로 연주하자. 속도감을 잘 살리자!

~칼럼 12~
교관의 칼럼

　베이시스트 중에서 록의 절대왕자를 빌리 시언이라고 한다면, 퓨전의 절대왕자는 빅터 우튼일 것이다. 둘 다 테크닉에만 주목하기 쉽지만, 사실은 리듬(비트)이 안정적이고 그루브도 훌륭한 베이시스트들이다. 빅터 우튼은 로터리 주법을 사용한 고속 슬랩으로 전 세계의 베이시스트에게 큰 영향을 주었다. 태핑을 많이 사용하기도 하고 멜로딕한 솔로를 연주하는 등 매우 다양한 스타일을 가지고 있다. 필자 개인적으로는 다현 베이스를 사용하지 않고 오직 4현 베이스를 메인으로 사용하는 점도 사나이답다고 느껴져 마음에 든다.

저자 MASAKI가 소개하는 빅터 우튼

빅터 우튼
〈What Did He Say?〉
빅터 우튼의 두 번째 솔로 앨범. 베이스의 테크닉을 최대한 들려주면서도 전체적으로는 팝적인 요소가 강한 작품이다.

스캇 핸더슨, 스티브 스미스, 빅터 우튼
〈Vital Tech Tones〉
엄청난 실력의 3명이 모여서 만들어낸 걸작 앨범이다. 록적인 색채가 강한 퓨전 사운드가 압도적이다.

[앞박자와 뒷박자를 정확하게 파악하기 힘들다] 싱커페이션이나 쉼표를 많이 사용하는 프레이즈는 앞박자와 뒷박자를 파악하기 어렵고, 리듬을 타기가 힘들다. 무작정 악보를 따라가며 연주하는 것이 아니라 리듬을 먼저 파악하고, 카운트를 정확하게 세면서 연주하는 것이 중요하다.

지옥의 브레이크 타임

엄청난 실력의 소유자들과의 협연 ! 저자의 세션 참가작들

여기서는 최근 필자가 녹음에 참가한 작품을 2장 소개하겠다. 우선 쇼팽 탄생 200주년을 기념하기 위해서 2010년 3월에 발매된 앨범 〈JAMMIN' with CHOPIN~ 트리뷰트 투 쇼팽~〉. 이 작품에서는 유명한 〈즉흥 환상곡〉을 전 JUDY AND MARY의 이가라시 코우타(dr) 그리고 SOPHIA의 미야코 케이이치(key)와 키보드 트리오를 결성해서 커버했다. 어레인지는 필자가 담당했으며, 〈즉흥 환상곡〉을 공격적인 록 넘버로 진화시켰다고 생각한다. 태핑과 슬랩, 속주를 구사한 베이스 솔로 등이 작렬하므로 지옥시리즈를 보고 있는 베이시스트들은 꼭 들어보기 바란다!

또 하나는 '테카즈오(手数王)'라는 별명으로 유명한 드러머 스가누마 코우조우의 솔로 앨범 〈Convergence〉다(2010년 5월 발매). 수록곡 중에서 3곡의 베이스를 필자가 연주했으며, 이번에는 라우드니스의 기타리스트인 타카사키 아키라와 함께 작업을 했다. 참고로 필자 이외의 베이시스트로는 빌리 시언도 참가했다. 마티 프리드먼의 앨범에서도 그랬지만, 지금까지 필자가 세션으로 참가한 작품에 빌리 시언이 함께 참가한 경우가 여러 번 있었다. 이것도 초절정 베이시스트의 피할 수 없는 운명일지도 모르겠다.

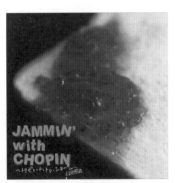

〈JAMMIN' with CHOPIN~ 트리뷰트 투 쇼팽~〉

미시바 사토시와 H ZETT M 등, 개성적인 뮤지션들이 대거 참가했다. 쇼팽이라는 위대한 음악가를 새로운 시선으로 접할 수 있는 앨범이다.

스가누가 코우조우
〈Convergence〉

메탈과 재즈, 민족음악 등 다채로운 곡들을 수록한 앨범이다. 일본과 해외의 초절정 뮤지션들의 경이적인 연주를 들을 수 있다.

The Inferno 3

참격

멀티 핑거 난입 대작전

[멀티 핑거 엑서사이즈]

'지옥이라는 격전지'에서 싸워나가려면
피크를 사용하지 않고도 '속주'를 할 수 있어야만 한다.
고속 피킹의 대표적인 스타일인 '3핑거'를 중심으로
피킹 능력 향상을 위한
4핑거와 5핑거 프레이즈로 철저한 훈련을 하자!
눈앞의 적을 모조리 쓸어버리는 머신건처럼 베이스를 연주해보자!

21

무적의 히트맨 '3핑거'
NO.1

3핑거 베이식 트레이닝

 · 3핑거의 기본 폼을 확인하자!
· 손가락마다 음량의 차이가 나지 않도록 주의!

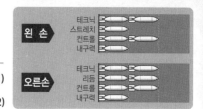

LEVEL 🔫🔫

목표템포 ♩=170

모범연주 🔘**TRACK 21** (DISC1)
반주트랙 🔘**TRACK 21** (DISC2)

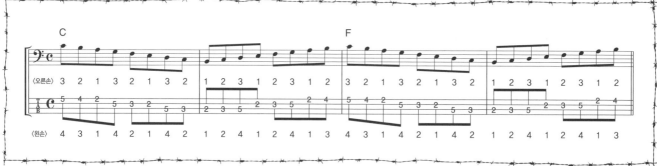

오른손의 손가락 순서는 1소절 째는 1번 줄이 '3번 손가락→2번 손가락→1번 손가락', 2번 줄이 '3번 손가락→2번 손가락→1번 손가락', 3번 줄이 '3번 손가락→2번 손가락'이다. 줄 이동 때에 레이킹을 사용하지 않고 3핑거만으로 연주하는 것이 포인트다. 2소절 째는 1소절 째와 반대로 '1번 손가락→2번 손가락→3번 손가락'의 순서이다. 주의하자.

위의 프레이즈를 연주할 수 없는 사람은 이것으로 수행하라!

초급 '1번 손가락→3번 손가락→2번 손가락'의 순서로 연주하자. 소절마다 시작하는 손가락이 바뀌므로 주의하자! 　　CD TIME 0:12~

중급 1번 손가락의 중복 피킹으로 악센트음(각 소절의 1음 째)을 연주하는 손가락을 통일하자 　　CD TIME 0:28~

고급 2&4박자 째의 뒷박자에서 3핑거의 손가락 순서를 바꾸면서 악센트음을 연주하는 손가락을 통일시키자! 　　CD TIME 0:44~

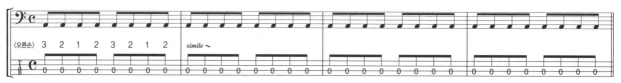

No.21과 관련해서…PART.1 P.38 [손가락 3개가 기타를 죽인다!(1)]를 연주하면 경험치가 급속히 증가한다!

주의점 1　오른손

3핑거의 기초를 오른손과 머릿속에 기억시키자!

　2핑거는 피킹 속도에 한계가 있고, 템포가 빨라지면 피킹하는 힘이 떨어진다. 그래서 피크 피킹의 장점인 '깔끔함'과 '스피드'에 밀리게 된다. 그래서 스피드를 중시하는 메탈 계열 베이시스트 중에는 피크로 연주하는 사람이 많고, 평소에는 손가락으로 연주하는 연주자들도 빠른 곡에는 피크를 사용하는 경우가 많다. 하지만 3핑거를 마스터하면 피크보다 빨리 연주하는 것이 가능해진다. 다만, 3핑거를 **마스터하는 길은 상당히 험난하므로** [주] 단단히 각오하는 것이 좋다.

　우선 3핑거의 피킹 폼을 설명하겠다. 2핑거 폼으로는 제3의 손가락 '3번 손가락'이 줄에 닿지 않는다. 그러므로 1번 손가락~3번 손가락까지 균등하게 줄에 닿는 폼으로 바꾸자(사진①&②).

　이어서 피킹하는 손가락 순서를 알아보자. 손가락 순서는 1번 손가락부터 시작할 경우, '1번 손가락→2번 손가락→3번 손가락'이나 '1번 손가락→3번 손가락→2번 손가락'의 2가지 종류가 가능한데, 기본적으로는 후자인 '1번 손가락→3번 손가락→2번 손가락'을 사용한다(사진③~⑥). 전자도 틀린 것은 아니지만, '레이킹'이라는 3핑거와 4핑거를 사용하는 응용 테크닉의 손가락 순서가 4번 손가락→1번 손가락이므로, 후자로 연주하는 편이 좋을 것이다(줄 이동을 하는 프레이즈에서는 레이킹이 매우 유용하므로 3핑거의 손가락 순서도 레이킹을 바탕으로 생각하자). 우선은 '1번 손가락→3번 손가락→2번 손가락'의 순서를 오른손과 머릿속에 기억시키자. 물론 프레이즈에 따라서는 예외적인 경우가 등장한다는 것도 잊지 말자!

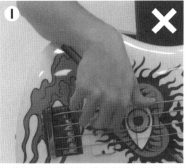

① 손목을 구부리면 1번, 2번, 3번 손가락의 위치가 일정해지지 않는다

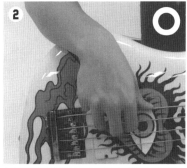

② 손목 각도를 조절해서 손가락 3개의 위치를 고르게 하자

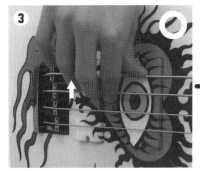

③ 1번 손가락 다음은 이렇게 3번 손가락을 사용하자

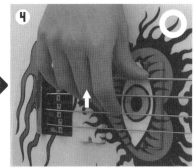

④ 이어서 세 번째 음은 2번 손가락으로 연주한다

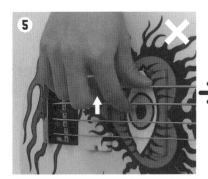

⑤ 1번 손가락부터 연주하기 시작해서 2음 째에서 2번 손가락을 사용하는 것은 좋지 않다

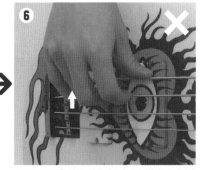

⑥ 그 흐름으로 3음 째가 3번 손가락이 되지 않도록 주의하자

주의점 2　오른손

3핑거의 두 가지 손가락 순서를 익히자

　이 메인 프레이즈는 3핑거의 두 가지 손가락 순서(아웃사이드 방향:3번 손가락→2번 손가락→1번 손가락과, 인사이드 방향:1번 손가락→2번 손가락→3번 손가락)에 관한 엑서사이즈로 하강 라인은 3번 손가락으로 시작하고, 상승 라인은 1번 손가락으로 시작한다(그림1). 1소절 째는 C메이저 스케일 라인을 '3음→3음→2음'의 단위로 연주하지만, 줄 이동 때에 레이킹을 사용하지 않고 '3번 손가락→2번 손가락→1번 손가락, 3번 손가락→2번 손가락→1번 손가락, 3번 손가락→2번 손가락'의 순서로 연주하자. 2소절 째는 1소절 째와 반대로 1번 손가락부터 시작하기 때문에 리듬이 흐트러지거나 손가락에 따라서 음량차이가 나지 않도록 주의하는 것이 중요하다.

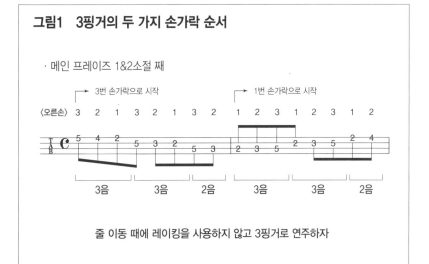

그림1　3핑거의 두 가지 손가락 순서

줄 이동 때에 레이킹을 사용하지 않고 3핑거로 연주하자

[마스터하는 길은 상당히 험난하다] 테크니컬한 기술뿐만 아니라, 무엇이든 최고점에 도달하려면 큰 난관에 부딪히게 된다. 마지막까지 포기하지 않는 강인한 마음가짐을 가지는 것은 인생에서도 중요하다.

22

무적의 히트맨 '3핑거'
NO.2

3음 단위 프레이즈를 사용한 3핑거 엑서사이즈

· 줄 뛰어넘기를 깔끔하게 연주하자!
· 오른손 3번 손가락으로 뮤트를 하자!

목표템포 ♩=134 모범연주 TRACK 22 (DISC1)
반주트랙 TRACK 22 (DISC2)

루트음과 1옥타브 높은 루트음을 줄 뛰어넘기로 연주하는 디스코 비트 프레이즈. 루트음을 1번 손가락, 1옥타브 높은 루트음을 3번 손가락→2번 손가락의 3핑거로 연주하자. 이 손가락 순서로 연주하면 3핑거로도 안정된 비트감을 낼 수 있다!

위의 프레이즈를 연주할 수 없는 사람은 이것으로 수행하라!

초급 셋잇단음은 3핑거에 딱 맞아떨어지는 비트다. 우선 1줄 프레이즈를 연습하자! CD TIME 0:14~

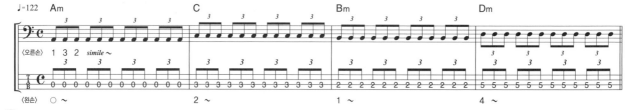

중급 메탈 특유의 '딴~따단' 비트 프레이즈. 3핑거로 정확하게 연주하자 CD TIME 0:29~

고급 각 소절 시작부분의 4번 줄 개방현은 피킹 후에 오른손 엄지손가락으로 뮤트하자! CD TIME 0:42~

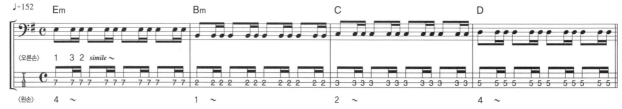

No.22와 관련해서…PART.1 P.40 [손가락 3개가 기타를 죽인다〈2〉]를 연주하면 경험치가 급속히 증가한다!

주의점 1　이론

3핑거에 어울리는 리듬 패턴을 확인하자

　8분음과 16분음으로 구성된 짝수음 프레이즈는 박자마다 손가락 순서가 바뀌기 때문에 3핑거의 최대 난관이다(그림1). 반대로 3핑거와 잘 어울리는 리듬도 있다. 그 예가 초급 프레이즈와 같은 셋잇단음 패턴이다(셋잇단음은 각 박자가 3음이므로 3핑거를 손쉽게 적용할 수 있다). 그리고 중급 프레이즈와 같은 8분음과 16분음으로 구성된 '딴~따단' 패턴[주]도 1박자가 3음 단위이므로 3핑거로 연주하기 쉽다. 따라서 3핑거는 우선 초급과 중급과 같은 리듬 패턴으로 연습하는 것이 좋다. 또한 여러 줄을 사용하는 프레이즈보다 1줄을 사용하는 프레이즈가 손가락 순서를 외우기 쉬울 것이다.

그림1　3핑거와 리듬의 관계

· 16분음

각 박자마다 시작하는 손가락이 달라진다

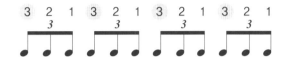

· 셋잇단음

3음 단위이므로 3핑거에 안성맞춤이다

주의점 2　오른손

오른손 엄지손가락을 정확하게 사용해서 줄 뛰어넘기를 깔끔하게 연주하자!

　디스코 비트 스타일의 패턴인 메인 프레이즈는 각 박자가 3음 단위이므로 3핑거로 쉽게 연주할 수 있다. 다만 줄 뛰어넘기를 많이 사용하므로 난이도는 약간 높다. 루트음을 1번 손가락, 1옥타브 높은 루트음을 3번 손가락→2번 손가락의 순서로 피킹한다(사진①~④). 이러한 줄 뛰어넘기에는 저음현의 노이즈가 발생하기 쉬우므로 뮤트에 주의해야 한다. 1번 손가락의 피킹 후에 줄 뛰어넘기를 할 때, 오른손 엄지손가락을 루트음이 있는 줄 위로 이동시켜서 불필요한 진동을 억제하는 것이 좋다. 3핑거는 물론 오른손 엄지손가락에도 신경을 쓰며 깔끔한 사운드를 내도록 하자.

우선 4번 줄을 1번 손가락으로 피킹한다

줄 뛰어넘기를 하면서 엄지손가락으로 4번 줄을 뮤트한다

이어서 2번 줄을 3번 손가락으로 피킹하고

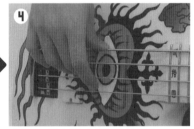
마지막으로 2번 손가락으로 2번 줄을 연주하자

테크닉만으로는 최고가 될 수 없다!? 저자의 베이스 히어로 고찰

　베이스 히어로의 조건은 무엇일까? 그 조건은 참으로 다양하지만, 한 가지 확실하게 말할 수 있는 것은 소속 밴드의 인기가 얼마나 높은가이다(아무리 실력이 좋아도 그것만으로는 인지도가 올라가지 않는다). 빌리 시언도 데이비드 리 로스 밴드에 참가한 것과 MR.BIG이 전미 차트 1위를 획득한 것이 컸다고 생각한다. 만약 그가 탈라스에서만 활동을 했었다면 지금처럼 주목을 받지는 못했을 것이다. 아이언 메이든의 스티브 해리스와 러쉬의 게디 리도 록 베이스 세계의 히어로로 인정받는 이유 중의 하나도 소속 밴드의 인기 때문일 것이다.

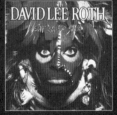
데이비드 리 로스
〈Eat 'em And Smile〉
스티브 바이와 빌리 시언의 '경이로운 협연'을 들을 수 있는 하드록/헤비메탈의 명반.

MR.BIG
〈MR.BIG〉
빌리 시언을 중심으로 결성한 엄청난 실력파 4명의 데뷔 앨범. 블루스를 기반으로 완성도 높은 하드록 사운드를 들려준다.

['딴~따단' 패턴] 아이언 메이든을 필두로 1980년대에 등장한 헤비메탈 밴드가 많이 사용하던 리듬 패턴이다. 8분음 1개+16분음 2개로 1박자를 구성하는 리듬이 특징이다.

23

무적의 히트맨 '3핑거'
NO.3

고속 2비트 프레이즈에 의한 3핑거 엑서사이즈

· 3핑거를 유지하는 능력을 길러라!
· 연주 도중에 리듬이 흐트러지지 않도록 주의하자!

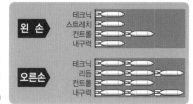

LEVEL 목표템포 ♩=154

모범연주 🔴TRACK 23 (DISC1)
반주트랙 🔴TRACK 23 (DISC2)

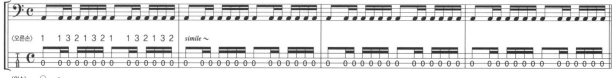

3핑거의 최대 난관인 16분음 얼터네이트 패턴. 각 박자마다 시작하는 손가락이 바뀌므로 주의하자. 손가락 순서가 엉키면서 리듬이 흐트러지는 경우가 많으므로, 일단 느린 템포로 연습해보자.

위의 프레이즈를 연주할 수 없는 사람은 이것으로 수행하라!

초급 2박자 1세트의 리듬 패턴이므로 중복 피킹을 사용해서 연주하자 ▷　　　　CD TIME 0:13~

중급 초급 프레이즈에 줄 이동을 추가한 패턴. 각 박자 첫 음의 악센트를 연주하는 손가락을 일정하게 유지하자 ▷　　　　CD TIME 0:27~

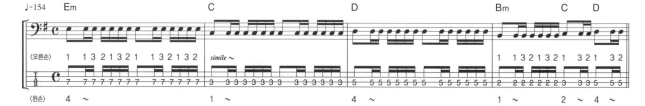

고급 빠른 템포의 실전 패턴. 리듬이 흐트러지지 않도록 주의하자! ▷　　　　CD TIME 0:41~

No.23과 관련해서…PART.3 P.24 [3으로 나눌 수 없는 것은 없다]를 연주하면 경험치가 급속히 증가한다!

주의점 1 　 ✋오른손

16분음 프레이즈를 3핑거로 연주하는 연습방법

여기서는 16분음 기반의 프레이즈를 3핑거로 연주하기 위한 엑서사이즈를 소개하겠다. 1박자가 4음으로 구성된 16분음 프레이즈를 3핑거로 연주하면 각 박자의 시작음을 연주하는 손가락이 매번 바뀌기 때문에, 리듬을 일정하게 유지하기가 힘들다. 그래서 모든 음이 16분음으로 구성된 프레이즈에 도전하기 전에, 리듬에 변화를 준 초, 중, 고급 프레이즈로 연습하자(**그림1**). 초, 중, 고급 프레이즈 모두 1&3박자의 1, 2음 째를 같은 손가락으로 연주하기 때문에(중복 피킹), 박자가 시작되는 음을 연주하는 손가락을 일정하게 유지할 수 있다. 리듬을 유지하는 것을 의식하면서 손가락 3개로 균등한 피킹을 할 수 있도록 노력하기 바란다!

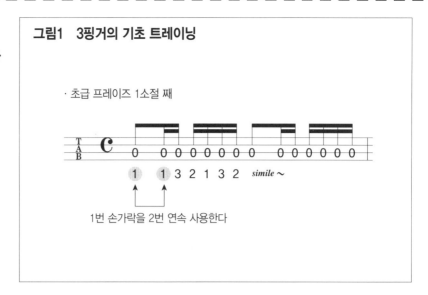

그림1　3핑거의 기초 트레이닝

주의점 2 　 ✋오른손

2비트 프레이즈는 3핑거로 연주하자

슬래쉬 메탈 등에서 많이 사용되는 고속 2비트[주]처럼 빠른 템포의 프레이즈를 2핑거로 장시간 연주하는 것은 힘들다. 2핑거로 연주하다보면 템포에만 집중하다 피킹하는 힘이 약해지는 경우가 많다. 따라서 필자는 2비트 프레이즈는 3핑거로 연주하는 것을 권장한다.

주의점1에서도 언급했듯이, 여기서는 초, 중, 고급 프레이즈를 활용해 2비트를 3핑거로 연주하는 기초연습을 하자. 초, 중, 고급 프레이즈는 2박자가 하나의 피킹 패턴으로 되어 있으므로, 3핑거의 중복 피킹을 사용하는 것이 포인트다(구체적으로 오른손 손가락 순서는 1→1→3→2→1→3→2이다).

초, 중, 고급 프레이즈를 통해서 2비트를 3핑거로 연주하는 것에 익숙해졌으면 메인 프레이즈에 도전해보기 바란다. 메인 프레이즈는 중복 피킹을 사용할 수 없으므로 각 소절 시작 부분의 악센트음을 연주하는 손가락이 매번 바뀐다. 때문에 이런 프레이즈를 연주할 때에는 오른손과 왼손의 움직임을 분리해서 생각하자. 즉, 오른손은 트레몰로 피킹에 집중하고, 왼손의 움직임으로 프레이즈의 흐름을 포착하는 것이다. 인간은 완전히 다른 두 개의 생각을 동시에 하기 힘들다. 예를 들어 양손에 펜을 쥐고 동시에 왼손으로 ○, 오른손으로 △를 그리긴 힘들다. 따라서 좌우 손의 움직임과 타이밍이 맞지 않는 복잡한 프레이즈를 연주할 때에는 우선 한 손의 움직임에 집중하는 것이 좋다. 참고로 메인 프레이즈는 줄 이동을 하면서 포지션을 바꿀 수도 있지만, 그렇게 하면 오른손의 움직임이 늘어나서 난이도가 더 높아진다(**그림2**). 3핑거는 우선 1줄 프레이즈로 연습을 시작하는 것이 좋다.

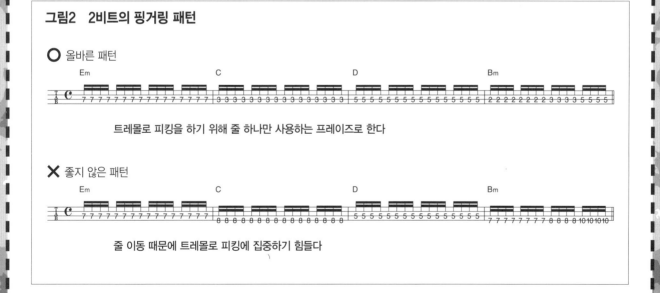

그림2　2비트의 핑거링 패턴

○ 올바른 패턴

트레몰로 피킹을 하기 위해 줄 하나만 사용하는 프레이즈로 한다

✗ 좋지 않은 패턴

줄 이동 때문에 트레몰로 피킹에 집중하기 힘들다

[2비트] 2분음표와 2박자를 기반으로 한 리듬 패턴. 원래는 느린 템포의 재즈에 사용되는 리듬을 말하지만, 현재는 슬래쉬 메탈의 빠른 비트를 지칭하는 경우도 있다.

24

필살 레이킹으로 모조리 쓸어버려라!
첫 번째 타격

16분음 프레이즈에 의한 1번 손가락 레이킹 엑서사이즈

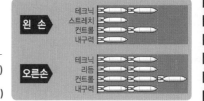

· 레이킹의 기본동작을 익히자!
· 오른손 손가락 3개를 균형있게 단련하자!

LEVEL

목표템포 ♩=140

모범연주 TRACK 24 (DISC1)
반주트랙 TRACK 24 (DISC2)

각 박자 3음 째의 1번 줄과 4음 째의 2번 줄은 1번 손가락 피킹 한 번(레이킹)으로 연주하자. 1번 손가락은 2줄을 쓸어내리듯이 움직이자. 레이킹을 사용하면 4음을 3번의 피킹 동작으로 연주할 수 있으므로 더욱 원활하게 연주할 수 있다.

위의 프레이즈를 연주할 수 없는 사람은 이것으로 수행하라!

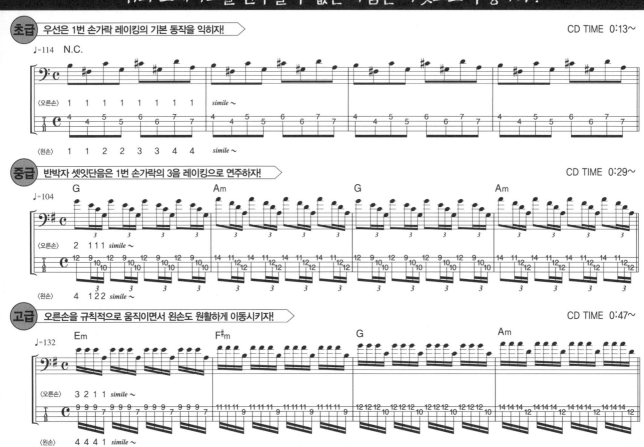

No.24와 관련해서…PART.1 P.44 [한 알로 2번 맛있는 레이킹!]을 연주하면 경험치가 급속히 증가한다!

주의점 1 이론

원활한 줄 이동을 실현하는 레이킹을 익히자

레이킹이란 1번 줄에서 4번 줄 방향으로 줄 이동을 할 때, 얼터네이트를 사용하지 않고 같은 손가락으로 여러 줄을 연속해서 피킹하는 테크닉을 말한다(그림1). 한 번의 피킹 동작으로 2음 이상을 연주할 수 있으므로 고속 플레이에 큰 도움이 된다(속주뿐만 아니라 일반적인 2핑거 주법에서도 자연스럽게 사용하는 평범한 테크닉이기도 하다). P.60~65에서 소개하는 3핑거 레이킹에는 ①1번 손가락 레이킹 ②2번 손가락 레이킹 ③3번 손가락 레이킹의 3가지 패턴이 있다. 실전에서는 이 3가지 패턴을 프레이즈에 따라 적절히 조합해서 사용하는 경우가 많다.

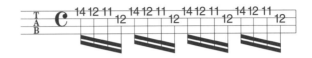

그림1 레이킹의 손가락 순서

· 메인 프레이즈 1소절 째

레이킹 사용   3 2 1 1 3 2 1 1 3 2 1 1 3 2 1 1
레이킹 미사용   3 2 1 3 2 1 3 2 1 3 2 1 3 2 1 3

레이킹을 사용하지 않으면 오른손의 줄 이동이 많아진다.

주의점 2 오른손

음량을 일정하게 유지하면서 1번 손가락 레이킹을 연주하자

메인 프레이즈는 16분음에 의한 **시퀀스 프레이즈[주]**이므로 악센트 없이 기계적인 느낌으로 연주하는 것이 포인트다. 1박자 안의 4음을 1번 줄(3번 손가락)→1번 줄(2번 손가락)→1번 줄(1번 손가락)→2번 줄(1번 손가락)의 순서로 연주하며, 1번 줄에서 2번 줄로 가는 줄 이동에서 레이킹을 사용한다(사진①~④). 3핑거 레이킹에서는 음량에 차이가 생기거나 리듬이 흐트러지지 않도록 주의하자. 도중에 힘이 빠지지 않고 피킹 동작을 유지할 수 있는 체력을 길러두는 것도 중요하다. 레이킹을 하는 1번 손가락은 물론, 오른손 손가락 3개를 균형 있게 단련하자.

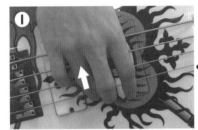
3핑거 레이킹. 먼저 3번 손가락부터 시작하고

이어서 2번 손가락으로 피킹한다

1번 손가락은 1번 줄을 연주한 흐름을 유지한 채

2번 줄도 레이킹으로 연주하자

~칼럼14~
교관의 칼럼

연주를 잘하는 것만으로는 부족하다!
음악 비즈니스에서 살아남기 위한 마음가짐

음악을 비즈니스로 생각한다면 얼마나 많은 사람에게 인기를 얻느냐가 중요하다. 음악 비즈니스의 수입은 주로 음원 판매와 라이브 공연에서 발생한다. 하지만, 이 업계에서 활동해보면 연주자로서 딜레마를 느끼는 경우가 많다. 예를 들어 하이엔드 베이스로 레코딩을 해보고 싶지만, 그렇게 한다고 CD판매가 늘어날까? 그루비한 연주를 하고 싶지만, 그런다고 라이브를 보러오는 사람들이 늘어날까? 연주자로서의 만족과 비즈니스의 결과는 반드시 일치하지는 않는다. 오히려 연주를 잘하는 것보다 무대에서 재미있는 이야기를 해서 라이브 관객이 늘어나는 경우도 있다. 독자 여러분은 연주자로서의 관점과 관객으로서의 관점이라는 2가지 관점을 가지고 자신의 스타일을 확립할 수 있도록 노력하기 바란다. 그런 의미에서 서서 연주할 때의 자세는 중요하다. 필자의 경우, 많은 기교파 베이시스트들의 베이스 위치가 높기 때문에, 그 반대를 노리고 낮은 위치에서 잡고 있다. 연주자로서 원하는 것과 비즈니스라는 현실의 밸런스를 잘 잡을 수 있도록 하자.

항상 관객의 관점에서 관객이 기뻐할 퍼포먼스를 하는 것이 중요하다!

[시퀀스 프레이즈] 비교적 짧은 패턴 또는 연결된 코드를 반복하는 프레이즈. 반복되는 패턴과 코드진행이 반드시 일치할 필요는 없다.

25

필살 레이킹으로 모조리 쓸어버려라!
두 번째 타격

16분음 프레이즈에 의한 2번 손가락 레이킹 엑서사이즈

 교관의 격언
· 2번 손가락 레이킹을 집중적으로 연습하라!
· 왼손의 줄 이동을 매끄럽게 하자!

왼손
테크닉	
스트레치	
컨트롤	
내구력	

오른손
테크닉	
리듬	
컨트롤	
내구력	

LEVEL

목표템포 ♩=150

모범연주 **TRACK 25** (DISC1)
반주트랙 **TRACK 25** (DISC2)

각 박자 2&3음 째에 2번 손가락 레이킹을 한다. 2번 손가락 레이킹을 사용하면 1번 줄 2음, 2번 줄 2음으로 구성된 시퀀스 프레이즈를 원활하게 연주할 수 있게 된다. 다만 레이킹은 줄 이동을 할 때, 리듬이 어긋나기 쉬우므로 신중하게 연습하자.

위의 프레이즈를 연주할 수 없는 사람은 이것으로 수행하라!

초급 우선은 2번 손가락 레이킹의 기본 동작을 익히자! CD TIME 0:13~

중급 하모닉스를 레이킹으로 연주하는 참신한 시퀀스 프레이즈에 도전하자! CD TIME 0:29~

고급 왼손의 세밀한 운지는 1번 손가락 바레를 사용하는 것이 좋다. CD TIME 0:45~

No.25와 관련해서…PART.3 P.26 [소년의 습관 레이킹]을 연주하면 경험치가 급속히 증가한다!

주의점 1 🖐 오른손

가운뎃손가락을 매끄럽게 움직여서 1&2번 줄을 효율적으로 연주하자

여기서는 3핑거 중에서 2번 손가락을 집중연습하자. 메인 프레이즈는 1박자 안의 4음을 1번 줄(3번 손가락)→1번 줄(2번 손가락)→2번 줄(2번 손가락)→2번 줄(1번 손가락)의 순서로 연주하면서(사진①~④), 서서히 하이 포지션에서 로우 포지션으로 이동한다. 우선은 오른손 움직임에 익숙해지는 것이 중요하므로 왼손 포지션을 고정하고, 레이킹 패턴을 반복연습 해보자. 오른손이 익숙해지면 왼손을 맞춘다. 미리 포지션을 확인해 두면 좋다. 참고로 이 프레이즈는 G메이저 스케일(=E내추럴 마이너 스케일)에 의해 구성되어 있다.

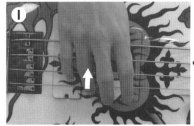
3핑거에서 2번 손가락 레이킹. 3번 손가락으로 시작한 다음

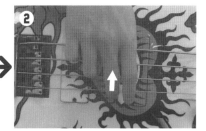
이어서 2번 손가락으로 피킹한다

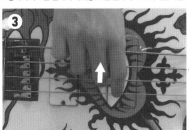
2번 줄을 2번 손가락으로 연주하자

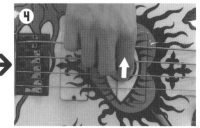
마지막에 1번 손가락으로 2번 줄을 피킹한다

주의점 2 🖐 왼손

바레로 줄 이동을 최소화하자!

초급 프레이즈는 2번 손가락 레이킹과 함께 왼손의 지판 누르기에 주의할 필요가 있다. 1음씩 줄 이동을 하는데, 1번 줄과 2번 줄을 다른 손가락으로 누르면 불필요한 움직임이 늘어난다. 그래서 바레를 활용해서 원활한 줄 이동을 할 수 있도록 하자(사진⑤~⑥). 이렇게 왼손의 움직임을 줄이면 오른손의 움직임에 더욱 집중할 수 있다는 장점도 있다. 중급 프레이즈도 2번 손가락 바레를 사용한다. 이건 모두 **내추럴 하모닉스[주]**이므로 하모닉스 포인트에 손가락을 댔다가 떼는 동작을 신속하게 하자.

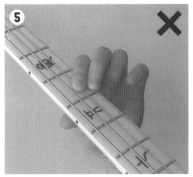
1번 줄 4프렛을 2번 손가락으로 누르면 불필요한 동작이 늘어나므로 노이즈가 발생하기도 쉽다

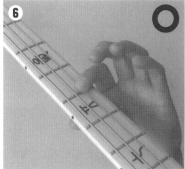
1&2번 줄은 1번 손가락을 바레로 누른다. 다음의 2번 손가락 바레도 의식하자.

[내추럴 하모닉스] 5프렛이나 7프렛 위에서 하모닉스 포인트에 가볍게 손을 댔다가 피킹 후에 신속하게 손가락을 떼서 실음보다 높은 배음을 내는 주법.

필살 레이킹으로 모조리 쓸어버려라!
세 번째 타격

16분음 프레이즈에 의한 3번 손가락 레이킹 엑서사이즈

- · 3번 손가락은 조금 세게 피킹하라!
- · 3번 손가락 집중 훈련!

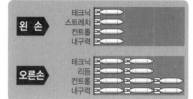

LEVEL

목표템포 ♩=134

모범연주 TRACK 26 (DISC1)
반주트랙 TRACK 26 (DISC2)

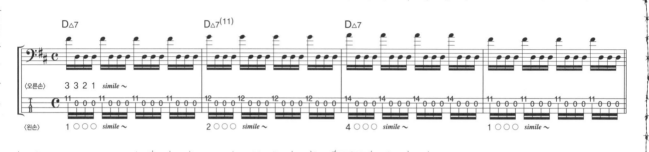

각 박자의 1&2음 째를 3번 손가락으로 연주한다. 1음 째가 왼손으로 지판을 누른 음, 2음 째가 2번 줄 개방현이므로, 두 가지 음의 피킹 감촉이 크게 다른 것에 주의하자. 레이킹으로 연주하는 2음의 음량차이가 나지 않도록 오른손을 정확하게 컨트롤하자.

위의 프레이즈를 연주할 수 없는 사람은 이것으로 수행하라!

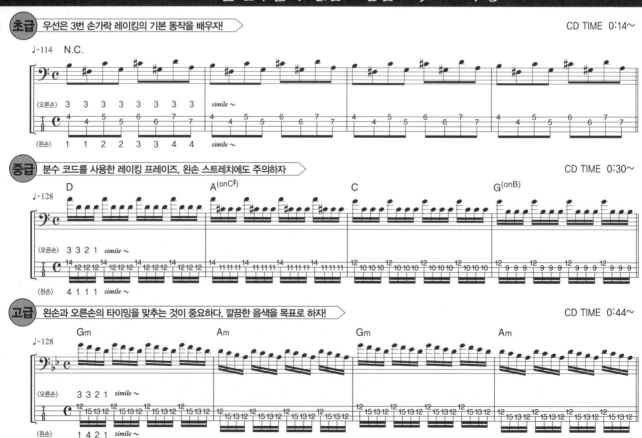

No.26와 관련해서…PART.1 P.44 [한 알로 2번 맛있는 레이킹]을 연주하면 경험치가 급속히 증가한다!

주의점 1　🖐오른손

강한 피킹으로 음량을 고르게 하자!

여기서는 3핑거 레이킹의 세 번째 패턴인 3번 손가락 레이킹을 연습해보자. 메인 프레이즈는 1박자 안의 4음을 1번 줄(3번 손가락)→2번 줄(3번 손가락)→2번 줄(2번 손가락)→2번 줄(1번 손가락)의 순서로 연주한다(사진①~④). 맨 처음 3번 손가락의 레이킹에 주의하자. 3번 손가락은 3핑거에서 사용하는 손가락 중에서 가장 힘이 약하므로, 음량도 작아지기 쉽다. 따라서 다른 손가락보다 강하게 피킹하는 것이 중요하다. 또한 메인 프레이즈는 사용 포지션이 1번 줄 11프렛~14프렛이므로 **각 프렛에 왼손의 각 손가락을 할당해두면** [주], 핑거링도 원활하게 할 수 있을 것이다.

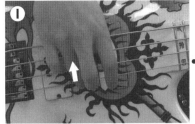

3핑거에서의 3번 손가락 레이킹. 3번 손가락으로 시작해서

2번 줄까지 3번 손가락으로 피킹한다

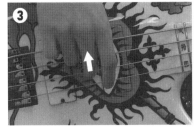

이어서 2번 줄을 2번 손가락으로 피킹하고

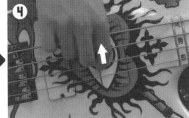

1번 손가락 피킹으로 연결하자

주의점 2　🖐오른손

3핑거의 핵심인 3번 손가락 집중 단련법

3핑거를 공략하는 포인트는 제3의 손가락인 '약 손가락(=3번 손가락)'을 얼마나 정확하게 움직일 수 있는가에 달려 있다. 여기서는 3번 손가락을 집중적으로 단련할 수 있는 방법을 소개하겠다(그림1). 이것은 지금까지 2핑거로 연주했던 프레이즈를 1번 손가락&3번 손가락 또는 2번 손가락&3번 손가락으로 연주하는 것이다(1번 손가락&3번 손가락과 2번 손가락&3번 손가락 두 가지 방법 모두로 연습하는 것이 이상적이다). 이 트레이닝을 반복하면 3번 손가락의 힘을 1번, 2번 손가락과 대등하게 기를 수 있을 것이다. 꾸준한 연습은 나중에 효과를 발휘하므로 이 엑서사이즈로 3번 손가락을 단련하자.

그림1　3번 손가락의 집중 단련법

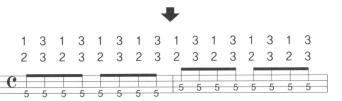

2핑거 프레이즈를 '1번 손가락&3번 손가락/2번 손가락&3번 손가락'의 순서로 연습하며 3번 손가락을 단련하자

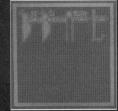
[각 프렛에 왼손의 각 손가락을 할당해둔다] 크로매틱 프레이즈뿐만 아니라, '1프렛 1손가락'의 법칙을 지키면 불필요한 움직임을 줄일 수 있다. 반드시 머리와 왼손에 익혀두자.

27

작열하는 합체 공격!

3핑거+2핑거 혼합 피킹 엑서사이즈

· 3+2핑거를 마스터하라!
· 일정한 음량과 음색으로 연주하자!

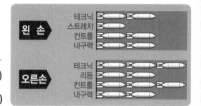

LEVEL 🔫🔫🔫🔫

목표템포 ♩=146

모범연주 TRACK 27 (DISC1)
반주트랙 TRACK 27 (DISC2)

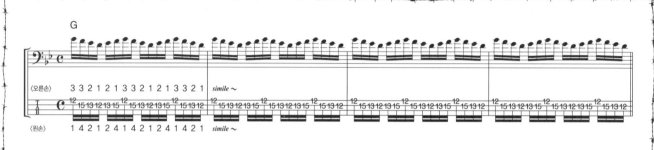

1소절이 '6음→6음→4음'으로 구성된 폴리리듬 스타일의 패턴이다. 6음 부분에서 5&6음 째의 피킹이 지금까지 연습한 3핑거와는 달리 2핑거가 되므로 주의하자. 이 피킹 패턴을 익혀서 빠르고 정확한 연주를 실현하자!

위의 프레이즈를 연주할 수 없는 사람은 이것으로 수행하라!

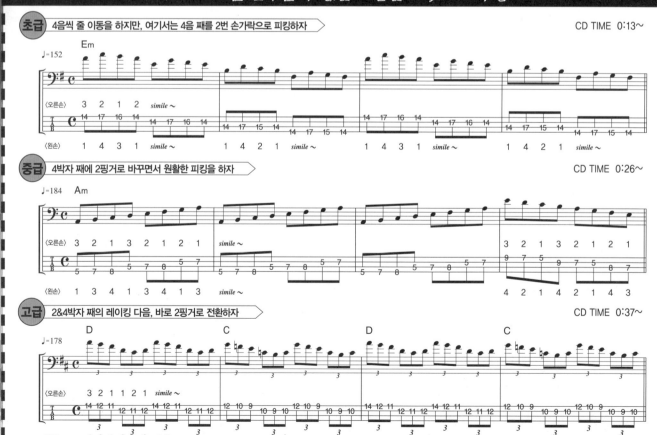

No.27과 관련해서…PART.1 P.72 [격렬한 사랑일수록 불타오른다!(2)]를 연주하면 경험치가 급속히 증가한다!

주의점 1　오른손

3+2핑거로 연주의 효율화를 실현!

메인 프레이즈를 연주하기 위해서는 3핑거와 2핑거의 혼합 피킹을 마스터해야만 한다. 메인 프레이즈의 소절 구성이 6음→6음→4음의 폴리리듬 스타일[주]이기 때문에, 이 6음 프레이즈를 3핑거와 2핑거의 혼합 피킹으로 연주한다. 구체적으로는 6음 프레이즈의 전반 4음이 3핑거(3번 손가락→3번 손가락→2번 손가락→1번 손가락)이며, 후반 2음이 2핑거 얼터네이트(2번 손가락→1번 손가락)이다(그림1). 이렇게 여러 테크닉을 상황에 따라 조합해서 연주를 빠르고 효율적으로 할 수 있다. 여러분도 유연한 발상으로 테크닉 사용방법을 생각해보기 바란다.

그림1　3핑거+2핑거에 의한 혼합 피킹

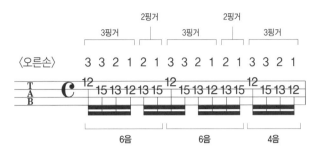

· 메인 프레이즈 1소절 째

혼합 피킹과 폴리리듬에 현혹되어
도중에 리듬이 흐트러지지 않도록 주의하자!

주의점 2　이론

마이너 스케일을 매끄럽게 상승하자!

중급 프레이즈의 1~3소절 째는 A내추럴 마이너를 스케일음의 순서대로 상승하는 프레이즈로(그림2), 4번 줄이 3음, 3번 줄이 3음, 2번 줄이 2음 패턴이다. 오른손을 효율적으로 움직이려면 3음으로 구성된 4&3번 줄은 3핑거 얼터네이트(3→2→1, 3→2→1)로 피킹하는 것이 좋다. 2번 줄 2음을 3핑거로 연주하면 '3→2'가 되기 때문에, 다음 음으로 연결하기 힘들어진다. 이럴 때에는 2핑거로 전환해서 '2→1'로 피킹하는 것이 좋다. 이렇게 하면 2소절 째를 3번 손가락으로 시작하면서 원활한 피킹을 할 수 있다.

그림2　중급 프레이즈의 포지션

· A내추럴 마이너 스케일

◎ 토닉(A음)

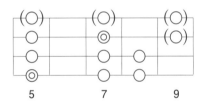

5　　7　　9

이렇게 1줄에 3음을 배치하는 포지션은
많이 등장하므로 반드시 익혀두자

~칼럼 17~
교관의 칼럼

베이스와는 뗄 수 없는 관계!
컴프레서의 필요성

많은 베이시스트들이 맨 처음 사용한 이펙터는 아마도 컴프레서(리미터)일 것이다. 그럼 어째서 컴프레서가 필요한 것일까? 그것은 베이스가 생음 악기이기 때문이다. 드라이브를 많이 거는 일렉트기타는 오버드라이브나 디스토션 등의 이펙터를 걸면 소리의 압축(컴프레션)이 함께 이루어지기 때문에 자동으로 평탄화된다. 한편 베이스는 드라이브를 걸지 않고 생음으로 연주하는 경우가 많은 악기이므로, 피킹의 강약이 그대로 사운드에 반영된다. 그래서 컴프레서를 사용해서 소리를 압축하고 음량을 고르게 하는 것이다. 필자는 라이브를 할 때에 이펙터(컴프레서도 포함)를 통

과시킨 후, DI(다이렉트 박스)로 연결하고 있다. 상당수의 베이시스트는 베이스→DI→이펙터→앰프의 순서로 연결하고 있을 것이다. 그 중에는 '이펙터는 전혀 사용하지 않는다!'고 호언하는 사람도 있을 것이다. 하지만 실제 라이브 현장에서는 베이시스트 자신이 이펙터를 사용하지 않아도 엔지니어가 PA콘솔에서 반드시 컴프레서를 사용하고 있다. 즉, 베이스와 컴프레서는 떼려야 뗄 수 없는 밀접한 관계이다. 필자의 선배에게 배운 말을 소개할까 한다. '프로는 마지막까지 자신의 사운드에 책임을 져야만 프로다'. 이 말을 가슴에 새기기 바란다.

보스의 LMB-3(베이스 리미터 인핸서)
필자가 녹음할 때 사용하는 모델이다

[폴리리듬 스타일] 2개 이상의 다른 리듬이 동시에 사용되는 리듬 패턴. 몇 가지 리듬이 어긋나면서 진행되다가 어느 순간 다시 맞아 들어갈 때의 카타르시스를 느낄 수 있다.

28

최종병기 '3핑거 Z'
1호

3핑거 레이킹의 바리에이션 패턴 1

· 오른손의 손가락 순서를 효과적으로 역류시켜라!
· 왼손을 충분하게 벌리자!

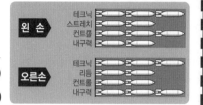

| 왼 손 | 테크닉 / 스트레치 / 컨트롤 / 내구력 |
| 오른손 | 테크닉 / 리듬 / 컨트롤 / 내구력 |

LEVEL

목표템포 ♩=148

모범연주 TRACK 28 (DISC1)
반주트랙 TRACK 28 (DISC2)

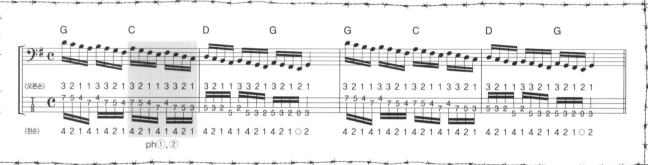

1소절 째는 1박자 째가 1번 손가락 레이킹, 2박자 째가 3번 손가락 레이킹, 3박자 째가 1번 손가락 레이킹, 4박자 째가 3번 손가락 레이킹이다. 오른손 손가락을 잘 조절해서 손가락 순서가 틀리지 않도록 주의하자. 왼손 줄 이동과 스트레치에도 주의하자!

위의 프레이즈를 연주할 수 없는 사람은 이것으로 수행하라!

초급 각 소절 1박자 째를 2핑거, 그 이후는 3핑거로 연주하자!　　　　　　CD TIME 0:14~

중급 1&3소절 째에서는 2번 손가락 레이킹, 2&4소절 째에는 1번 손가락 중복 피킹을 연습하자　　　　　　CD TIME 0:29~

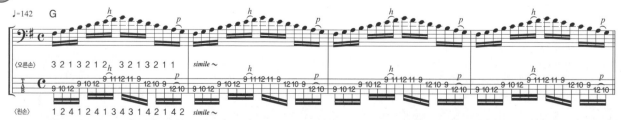

고급 각 소절 2박자 째 뒷박자가 2핑거, 4박자 째 뒷박자가 1번 손가락 레이킹이므로 주의하자　　　　　　CD TIME 0:43~

No.1와 관련해서…PART.3 P.26 [소년의 습관 레이킹]을 연주하면 경험치가 급속히 증가한다!

주의점 1  오른손

손가락 순서를 역류시켜서 원활한 연주를 실현하자!

메인 프레이즈 1~2소절 째는 1번 손가락 레이킹→3번 손가락 레이킹→1번 손가락 레이킹→3번 손가락 레이킹→1번 손가락 레이킹→3번 손가락 레이킹→2핑거로, 각 박자마다 피킹 패턴이 변화한다. 특히 2소절 3&4박자 째는 오른손의 손가락 순서가 '역류'해서 2핑거 얼터네이트로 전환하므로 주의하자(그림1). 이곳은 손가락 순서를 역류시키지 않으면 4박자 째가 2번 손가락이 된다. 이 순서로 연주하면 3소절 1음 째를 1번 손가락으로 치고 싶어진다. 하지만 이 순서로는 3소절 째 이후의 피킹이 힘들어지므로, 3박자 째에서 손가락 순서를 역류시키기 바란다. 익숙해질 때까지는 어렵겠지만, 3소절 째를 원활하게 연주하기 위해서 이 순서로 연주하자.

그림1　역류를 활용한 손가락 순서

· 메인 프레이즈 2&3소절 째

× 3 2 1 3 2　　1 3 2 1 ~
○ 3 2 1 2 1　　3 2 1 1 ~

4 2 1 4 1 4 2 1 4 2 1 ○ 2　　4 2 1 4 1 4 2 1 4 2 1 4 1 4 2 1

2소절 3박자 4음 째를 2번 손가락, 4박자 째를 1번 손가락으로 연주하면, 3소절 째 이후의 피킹이 원활해진다

주의점 2 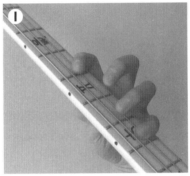 왼손

손가락을 정확하게 벌리고 3프렛을 누르자!

이 메인 프레이즈를 공략하기 위해서는 오른손은 물론, 왼손의 안정감도 필요하다. 1소절 1~3박자 째는 사용하는 프렛이 7·5·4프렛 밖에 없으므로 운지는 그다지 복잡하지 않다. 하지만, 4박자 째의 마지막은 3프렛으로 이동하기 때문에 주의가 필요하다. 여기서는 지금까지의 운지와는 달리, 1번 손가락을 반음 분량 헤드 쪽으로 이동시키므로, 스트레치를 사용하면서 포지션 이동을 한다(사진①&②). 줄을 제대로 누르지 못해서 음량이 작아지는 경우가 많으므로 손가락을 신중하게 움직이자. 2소절 째부터는 로우 포지션 프레이즈이므로 스트레치가 힘들어진다. **프렛 바로 옆을 누르고[주]** 정확한 운지를 하자.

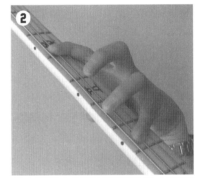

메인 프레이즈 1소절 3박자 째의 폼. 여기서는 4~7프렛을 사용한다

4박자 째의 폼. 3~7프렛을 사용하기 때문에, 스트레치가 힘들 것이다. 1번 손가락을 정확하게 움직이자

~칼럼 18~ 교관의 칼럼

악기의 정비를 소홀히 하면 실력 향상도 되지 않는다 베이스 정비는 매일 하자!

초절정 플레이를 무기로 하는 베이시스트는 항상 베이스를 최고의 컨디션으로 유지할 필요가 있다. 아무리 우수한 레이서라도 자동차의 성능이 좋지 못하면 경주에서 이길 수 없다. 자신의 연주 능력을 최대한으로 발휘하기 위해서, 넥과 줄 높이 등의 조정에 주의를 기울이는 것이 중요하다. 습도가 높은 날에는 넥이 휘어질 수 있으므로, 자주 정비를 해야 한다. 그러기 위해서는 정비를 위한 최소한의 지식을 익히고, 항상 정비 도구를 휴대하자. 필자도 매일 직접 베이스 정비를 하고 있다.

필자가 항상 가지고 다니는 정비 도구. 공구 이외에도 손톱 깎이를 가지고 다니며, 손톱 정리도 하고 있다!

[프렛의 바로 옆을 누른다] 스트레치뿐만 아니라. 평소에도 프렛과 프렛의 한가운데를 누르는 사람이 있는데, 이건 절대로 해서는 안 된다. 피치와 울림이 나빠지므로 프렛 바로 옆을 누르자.

29

최종병기 '3핑거 Z'
2호

3핑거 레이킹의 바리에이션 패턴2

 교관의 격언
· 가장 효율적인 손가락 순서를 모색하라!
· 16분음을 정확하게 유지하라!

LEVEL

목표템포 ♩=148

모범연주 **TRACK 29** (DISC1)
반주트랙 **TRACK 29** (DISC2)

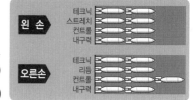

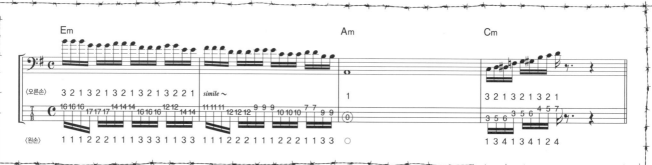

1&2소절 1~3박자 째의 3음 1세트 폴리리듬 프레이즈는 3핑거 얼터네이트로 연주하자. 4박자 째는 2번 손가락 레이킹을 사용해서 원활하게 줄 이동을 하는 것이 중요하다. 4소절 째의 각 줄을 3음씩 올라가는 프레이즈도 3핑거 얼터네이트로 연주하자!

위의 프레이즈를 연주할 수 없는 사람은 이것으로 수행하라!

초급 3핑거의 중복 피킹을 사용해서 악센트를 연주하는 손가락을 일정하게 유지하자   CD TIME 0:12~

중급 2핑거와 3핑거의 콤비네이션 피킹을 익히자!   CD TIME 0:28~

고급 1번 손가락 레이킹을 사용해서, 기계적이고 깔끔한 피킹을 하자!   CD TIME 0:42~

No.29과 관련해서…PART.1 P.38 [손가락 3개가 기타를 죽인다!(1)]을 연주하면 경험치가 급속히 증가한다!

주의점 1 · 오른손

레이킹을 사용하지 않고 1&2번 줄을 같은 손가락 순서로 연주하자

메인 프레이즈 1소절 1~3박자 째는 1, 2번 줄로 각각 3음씩 연주하기 때문에, 3핑거에 적합한 패턴이다. 때문에 3핑거를 활용한 손가락 순서로 연주하지만, 줄 이동 때에는 주의가 필요하다. 이러한 줄 이동을 하는 패턴에서는 레이킹을 사용하는 경우가 많은데, 여기서는 1번 줄과 2번 줄을 같은 손가락 순서로 연주하는 편이 안정감이 있는 연주가 될 것이다(그림1). 즉, 1번 줄의 '3번 손가락→2번 손가락→1번 손가락'과 마찬가지로 2번 줄도 '3번 손가락→2번 손가락→1번 손가락'의 순서로 연주한다(레이킹을 사용해서 2번 줄을 1번 손가락→3번 손가락→2번 손가락이라는 순서로 연주하는 것은 좋은 방법이 아니다). 이렇게 프레이즈 내용에 따라 가장 효율적인 손가락 순서를 선택하기 바란다.

그림1 3핑거의 손가락 순서

· 메인 프레이즈 1소절 째

✗ 3 2 1 1 3 2 1 3 2 2 1 3 2 1 1 3
○ 3 2 1 3 2 1 3 2 1 3 2 1 3 2 2 1

레이킹을 사용하면 손가락 순서가 흐트러지므로 주의하자

주의점 2 · 이론

변칙 패턴에 현혹되지 말고 16분음을 유지하라!

메인 프레이즈 1~2소절 째는 3핑거의 손가락 순서와 함께, 폴리리듬 스타일의 변칙 리듬 패턴에도 주의해야 한다. 이 부분은 모두 16분음으로 '3음→3음→3음→3음→4음'이라는 식으로 나눈다(그림2). 이러한 리듬 패턴은 **실수로 셋잇단음이나 여섯잇단음으로 연주해버리는[주]** 경우가 많으므로 16분음 리듬을 항상 의식하면서 연주하자. 4분음 타이밍으로 발을 구르면서 머릿속에서는 16분음으로 메트로놈이 울리게 하자. 1~3박자 째에서는 스트레이트한 3핑거, 4박자 째에서는 레이킹을 활용해서 정확한 리듬으로 연주하자.

그림2 폴리리듬 스타일의 변칙 패턴

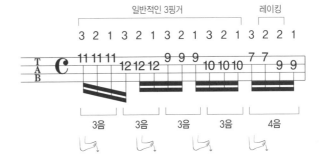

16분음 리듬과 박자를 정확하게 유지하면서 3핑거로 연주하자

~칼럼 19~ 교관의 칼럼

기타만의 전유물은 아니다! 베이스의 드라이브 사운드를 연구하자

드라이브 사운드는 크게 2종류로 나눌 수 있다. 첫 번째는 '디스토션(Distortion)'이다. 이 사운드는 이펙터를 사용해서 만든다. 다른 하나는 '오버드라이브(Over Drive)'로, 이 사운드는 앰프 헤드의 게인을 올려서 만들 수 있다. 필자에게 드라이브 사운드는 필수적이지만, 기본적으로 이펙터로 만든 디스토션 음색을 사용하는 경우가 많다. 왜냐하면 오버드라이브보다 디스토션 쪽이 속주를 할 때에 각 음을 또렷하게 구분할 수 있기 때문이다. 현재의 베이스 이펙터들은 상당히 성능이 좋아졌다. 베이스의 원음과 이펙터의 음을 섞어주는 정도를 조절할 수 있는 모델도 있다. 예전에 필자는 라이브에서 기타용 디스토션을 사용하고 베이스 앰프도 디스토션용과 클린용으로 2대를 준비했다. 그 이유는 당시의 디스토션 이펙터들은 원음을 섞어주는 기능이 없었다. 그래서 디스토션을 걸면, 저음이 부족해지고 사운드가 비는 느낌이 심해졌기 때문이다. 베이스 전용 디스토션 이펙터가 등장하면서, 비로소 이상적인 사운드를 만들 수 있게 되었다. 초절정 플레이를 할 때, 드라이브 사운드는 중요한 포인트이므로 독자 여러분도 다양한 연구를 해보고, 독창적인 사운드를 만들기 바란다!

보스의 ODB-3(베이스 오버드라이브). 원음을 살린 채로 와일드한 드라이브 사운드를 낼 수 있다.

[실수로 셋잇단음이나 여섯잇단음으로 연주해버린다] 음을 나눈 단위를 이해하는 것은 중요하지만, 그것을 너무 의식하다가 리듬이 흐트러지는 경우가 있다. 특히 악보 전체를 파악하지 않고, 1음식 눈으로 쫓으면서 연습하는 사람 중에 이런 경우가 많으므로 주의하자.

30

전격 코드 작전
'보사노바'

엄지손가락을 이용한 3핑거 보사노바 프레이즈

· 보사노바 특유의 코드 연주에 도전하라!
· 오른손으로 뉘앙스를 표현하는 방법을 익히자!

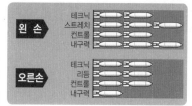

LEVEL

목표템포 ♩=142

모범연주 **TRACK 30** (DISC1)
반주트랙 **TRACK 30** (DISC2)

3번 줄(루트음)을 엄지손가락, 2번 줄(코드 톤)을 1번 손가락, 1번 줄(코드 톤)을 2번 손가락으로 피킹하는 3핑거이다. 특히 엄지손가락 피킹을 깔끔하게 하자. 원활한 코드 체인지를 위해 다음 코드의 왼손 포지션을 미리 확인해두는 것이 중요하다.

위의 프레이즈를 연주할 수 없는 사람은 이것으로 수행하라!

초급 엄지손가락과 1번 손가락&2번 손가락을 사용하는 '세퍼레이트 피킹'을 연습하자
CD TIME 0:13~

중급 3소절 째의 4번 줄 8프렛과 1번 줄 12프렛을 누를 때에 스트레치를 해야 한다. 왼손을 충분히 벌리자
CD TIME 0:30~

고급 3번 줄 루트음만 반음씩 하강한다. 왼손 2번 손가락과 1번 손가락을 정확하게 움직이자
CD TIME 0:45~

No.30와 관련해서…PART.1 P.128 [센티멘털 재지]를 연주하면 경험치가 급속히 증가한다!

주의점 1  이론

줄 3개를 사용한 코드 포지션

보사노바[주]의 독특한 리듬 패턴으로 코드를 연주해보면 베이스로도 매우 재미있는 사운드를 낼 수 있다. 이 메인 프레이즈는 저음현으로 루트음을 연주하고, 고음현으로 코드 톤을 연주하고 있다(그림1). 루트음을 오른손 엄지손가락, 코드 톤을 1번 손가락&2번 손가락으로 피킹하는 3핑거 스타일이다. 스윙감과 경쾌함을 겸비한 리듬을 만들어내는 것이 중요하므로 음 길이를 잘 컨트롤하자. 특히 악보에는 표현하기 힘든 루트음을 멈추는 방법은 연주자의 센스가 중요하므로 주의하기 바란다. 멜로디 연주와 리듬 플레이를 적절하게 융합시킬 수 있도록 연습하자.

그림1　메인 프레이즈에서 사용하는 코드

◎ 루트음　△ 3도　□ 7도

A#△7　　　　A7

12　　　　12

Dm7　　　　G7

15　17　　　9

3도나 7도 등의 코드 톤은 루트음을 중심으로
위치관계를 파악하면 외우기 쉽다

주의점 2 오른손

오른손의 각 손가락을 각각의 줄에 할당해서 연주하자!

메인 프레이즈는 세븐스 코드를 효과적으로 사용하고 있다. 루트음인 3번 줄은 엄지손가락, 3도인 2번 줄은 1번 손가락, 7도인 1번 줄은 2번 손가락으로 피킹하자(사진①&②). 여기서는 음 길이를 정확하게 조절하는 것이 포인트다. 이에 따라서 그루브가 크게 바뀌므로 주의하기 바란다. 2소절 째와 4소절 째는 싱커페이션으로 들어가므로, 리듬을 놓치지 않도록 주의하자. 연주하지 않는 4번 줄의 뮤트도 중요하다. 왼손 엄지손가락과 오른손 측면을 사용해서 불필요한 진동을 막자(사진③). 오른손을 사용한 미묘한 뉘앙스를 의식하면서 연주하자!

먼저 3번 줄을 엄지손가락으로 피킹하고

1번 손가락과 2번 손가락으로 1&2번 줄을 연주하자

오른손 측면을 사용해서 연주하지 않는 줄을 뮤트하자!

~칼럼 20~
교관의 칼럼

민족음악의 리듬을 활용해서 독창적인 프레이즈를 만들어라!

4비트=재즈, 8비트=록, 16비트=펑크, 2비트=메탈…처럼, 리듬 패턴은 '음악성'을 표현하는 중요한 요소다. 리듬 패턴에는 이밖에도 왈츠, 삼바, 탱고, 맘보, 룸바, 아프로큐반, 플라멩코 등의 월드뮤직/민족음악에 사용되는 패턴들이 있다(그림2). 이러한 리듬을 효과적으로 활용하면 독창적인 작품을 만들 수 있다. 음악의 3대 요소는 '리듬', '멜로디', '하모니'다. 베이시스트로서 특정 리듬을 완벽하게 마스터해두는 것은 강력한 무기가 된다. 많은 공부를 해두자.

그림2　민족음악의 베이스 패턴

· 왈츠	3/4	3박자로 1박자 째에 쉼표가 들어간다
· 삼바	2/4	빠른 템포로 2박자를 연주하는 경우가 많다
· 살사	4/4	싱커페이션을 많이 사용한다

[보사노바] 브라질의 전통적인 음악인 삼바에 재즈의 요소를 추가한 음악 스타일. 참고로 보사노바라는 말은 포르투갈어로 '새로운 감각'이라는 의미다.

31

전격 코드 작전
'하모닉스'

엄지손가락을 이용한 3핑거 하모닉스 프레이즈

· 하모닉스음을 정확하게 연주하자!
· 코드를 깔끔하게 연주하자!

LEVEL

목표템포 ♩=150

모범연주 TRACK 31 (DISC1)
반주트랙 TRACK 31 (DISC2)

왼 손 — 테크닉 / 스트레치 / 컨트롤 / 내구력
오른손 — 테크닉 / 리듬 / 컨트롤 / 내구력

4번 줄의 실음을 연주하면서 1&2번 줄로 내추럴 하모닉스를 연주하는 프레이즈다. 하모닉스를 제대로 울리게 하는 것이 중요하므로, 음이 끊어지지 않도록 포지션 이동을 하자. 3&4소절 째의 4번 줄은 왼손 엄지손가락으로 누르므로 주의하기 바란다.

위의 프레이즈를 연주할 수 없는 사람은 이것으로 수행하라!

초급 1&2번 줄의 하모닉스는 왼손 2번 손가락 바레로 연주하자　　CD TIME 0:13~

중급 각 코드의 루트음과 내추럴 하모닉스로 사용할 수 있는 코드음을 익히자　　CD TIME 0:29~

고급 줄 4개를 모두 사용한 하모닉스 주법. 4번 줄 루트의 운지에도 주의하자　　CD TIME 0:44~

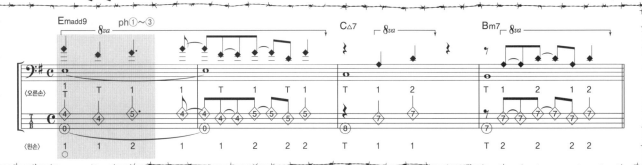
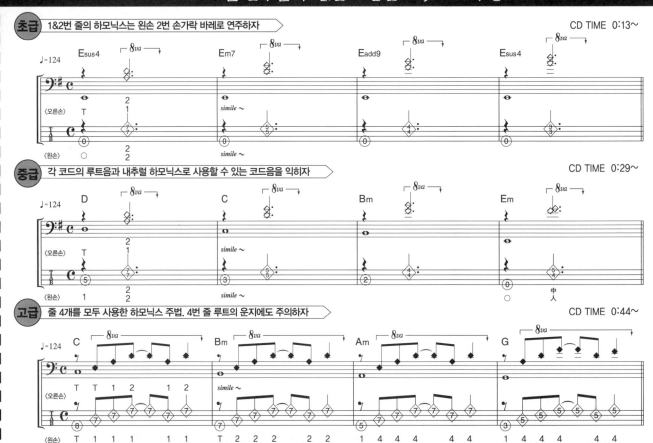

No.31과 관련해서…PART.1 P.122 [눈물을 흘린 만큼 상냥해진다!]를 연주하면 경험치가 급속히 증가한다!

주의점 1　오른손

오른쪽 손가락을 살짝 띄워서 줄에 닿지 않도록 주의하자!

　여기서는 튜닝에 자주 사용되는 내추럴 하모닉스로 약간은 특수한 코드 연주를 연습해보자. 메인 프레이즈는 음을 늘이면서 포지션 이동을 하는 것이 포인트이므로 피킹에 주의하자. 일반적인 핑거 피킹에서는 피킹을 한 손가락이 저음현에 닿는 경우가 있다(이렇게 피킹 후에 뮤트를 할 수 있는 것이 손가락 연주의 장점이지만, 이 프레이즈에서는 오히려 문제점이 된다). 따라서 피킹 후에는 손가락을 약간 띄워서 줄에 닿지 않도록 주의하자(사진①~③). 화음의 울림이 생명인 프레이즈이므로 음이 끊어지지 않도록 연주하자!

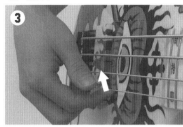

메인 프레이즈 1소절 째. 우선은 엄지손가락과 1번 손가락을 사용한다

이어서 2번 줄을 엄지손가락으로 피킹하고

1번 줄을 1번 손가락으로 연주한다. 오른손 손가락이 줄에 닿지 않도록 주의하자!

주의점 2　이론

하모닉스를 활용한 코드를 익히자

　내추럴 하모닉스와 실음을 활용한 대표적인 코드를 소개하겠다. 그림1은 4번 줄 개방현과 3번 줄 개방현을 사용한 패턴들로, 모두 3음으로 구성되어 있기 때문에 코드 네임의 해석이 달라질 수 있다(합주를 할 때에는 **기타 등의 화성악기에 의해 코드 네임이 바뀌는 경우도 있다[주]**). 하지만, 그림1의 코드 네임은 기억해두는 것이 좋다. 내추럴 하모닉스를 연주할 수 있는 프렛은 기본적으로 3(약간 4프렛에 들어간 정도의 위치), 4, 5, 7, 9, 12 등이다. 따라서 내추럴 하모닉스를 활용하는 코드에서 사용할 수 있는 루트음과 코드 네임은 그렇게 많지 않으므로 모두 기억해두자.

그림1　내추럴 하모닉스를 활용한 코드 예

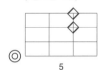 Em7 (E음·D음·G음)
 Eadd9 (E음·F#음·B음)
 E7 (E음·D음·B음)
 A7 (A음·D음·G음)
 A6(9) (A음·F#음·B음)
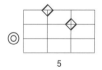 Bm(onA) (A음·D음·B음)

[기타 등의 화성악기에 의해 코드 네임이 바뀌는 경우도 있다] 코드 네임은 원래는 밴드 앙상블 전체를 고려해서 붙인다. 하지만, 악보를 보기 쉽게 하기 위해서 일부러 텐션음 등을 생략하는 경우가 많다.

32

전격 코드 작전
'아르페지오'

엄지손가락을 이용한 3핑거 아르페지오 프레이즈

· 코드를 능수능란하게 연주하자!
· 항상 다음 동작을 의식하며 연주하자!

LEVEL 목표템포 ♩=114 모범연주 TRACK 32 (DISC1) 반주트랙 TRACK 32 (DISC2)

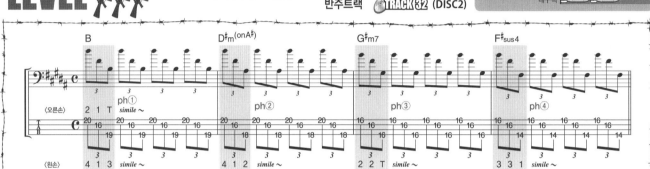

아르페지오는 울림이 중요하기 때문에, 각 줄의 음을 제대로 늘이는 것이 중요하다. 이 프레이즈에서는 왼손은 스트레치, 오른손은 남은 줄에 닿지 않도록 주의하자. 우선 소절 단위로 나눠서 각 소절을 충분히 연습한 다음, 연결해서 연주해보자.

위의 프레이즈를 연주할 수 없는 사람은 이것으로 수행하라!

No.32와 관련해서…PART.1 P.126 [사랑의 하모니]를 연주하면 경험치가 급속히 증가한다!

주의점 1 이론

기억해두면 큰 도움이 되는 코드 포지션의 확인!

코드 아르페지오는 베이스에서도 기타와 마찬가지로 연주할 수 있다. **코드를 누르는[주]** 왼손이 힘들지만, 코드의 구조와 울림을 익힐 수 있으므로 도전해보자. 코드는 로우 포지션에서 누르면 음이 탁해지기 때문에 기본적으로 하이 포지션으로 누르는 편이 좋다(루트음만 개방현으로 하는 것은 괜찮다). **그림1**에 기본적인 코드 포지션을 소개했으므로 실제로 연주해보기 바란다. 루트음은 E의 경우, 4번 줄 개방을 사용해도 좋지만, 오른쪽 그림에서는 다른 코드로 이행하기 쉽도록 4번 줄 12프렛을 사용하고 있다. 왼손의 바레를 잘 사용해서 코드를 정확하게 누르자.

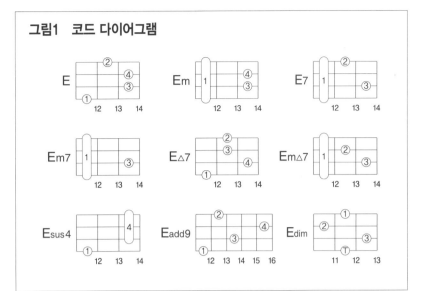

그림1　코드 다이어그램

주의점 2 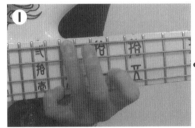 왼손

다음 동작을 의식하면서 코드 체인지를 하자!

메인 프레이즈는 4번 줄을 오른손 엄지손가락, 2번 줄을 1번 손가락, 1번 줄을 2번 손가락에 할당한 3핑거로 연주한다. 우선 오른손을 안정시키는 것이 중요하므로 팔꿈치를 몸에 붙여서 팔이 흔들리지 않도록 하자. 코드 아르페지오이므로 피킹한 음을 계속 늘이는 것이 중요하다. 1소절 째에서는 4번 줄 19프렛을 3번 손가락, 2번 줄 16프렛을 왼손 1번 손가락, 1번 줄 20프렛을 4번 손가락으로 동시에 누른다. 스트레치와 지구력이 필요하므로 넥 뒤의 엄지손가락 위치 등을 조절해서 열심히 누르자. 코드 체인지는 항상 다음 포지션을 의식하면서 왼손을 움직이자(사진①~④).

메인 프레이즈 1소절 째의 B코드의 폼

2소절 째의 D#m(onA)의 폼. 4번 손가락에 주의하자

3소절 째의 G#m7의 폼. 4번 줄을 엄지손가락으로 누른다

4소절 째의 F#sus4의 폼. 바레를 정확히!

[코드를 누른다] 베이스에서 코드를 누를 기회는 많지 않지만, 밴드 사운드 전체를 두껍게 할 수 있으므로 꼭 마스터하기 바란다. 미스 톤에 주의하면서 코드음을 누르자.

33

화염의 특수부대
'핑거 4 소대'

4번 손가락과 엄지손가락을 사용하는 4핑거 엑서사이즈

 · 4번 손가락을 더한 4핑거에 도전!
· 4핑거의 변칙폼을 익히자!

LEVEL 🔫🔫🔫🔫🔫 목표템포 ♩ = 108

모범연주 🎵 TRACK 33 (DISC1)
반주트랙 🎵 TRACK 33 (DISC2)

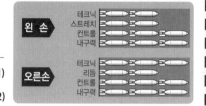

왼 손 | 테크닉 / 스트레치 / 컨트롤 / 내구력
오른손 | 테크닉 / 리듬 / 컨트롤 / 내구력

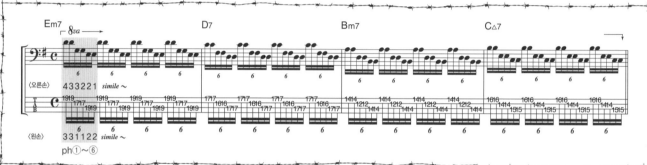

이 4핑거 레이킹의 순서는 1번 줄이 4번 손가락→3번 손가락, 레이킹으로 2번 줄로 이동하면서 3번 손가락→2번 손가락, 또 다시 레이킹으로 3번 줄로 이동, 2번 손가락→1번 손가락이 된다. 4번 손가락부터 피킹하기 때문에 1번 줄에 4번 손가락이 닿을 수 있는 폼을 취하자. 각 손가락의 음량 차이가 없도록 주의하자!

위의 프레이즈를 연주할 수 없는 사람은 이것으로 수행하라!

초급 5프렛을 왼손으로 바레해서(하모닉스이므로 프렛에 가볍게 닿는 정도) 오른손의 움직임에 집중하자.   CD TIME 0:17~

중급 엄지손가락→3번 손가락→2번 손가락→1번 손가락이라는 변칙적인 4핑거 피킹에 도전하자!   CD TIME 0:34~

고급 줄 이동을 추가한 엄지손가락 4핑거 피킹을 연습하자.   CD TIME 0:49~

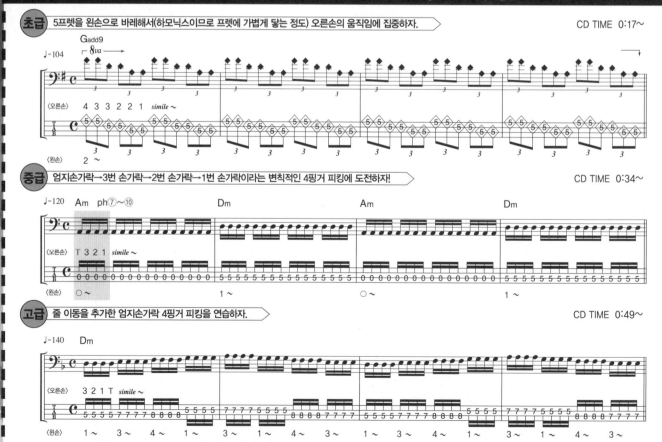

No.33와 관련해서…PART.1 P.46 [@@하고 놀라는 특수효과 '4핑거']를 연주하면 경험치가 급속히 증가한다!

주의점 1　🤚오른손

여섯잇단음 프레이즈 연주에 적합한 4핑거 레이킹

　난관인 3핑거를 마스터했다면 4번 손가락을 추가한 4핑거에 도전해보자. 하지만, 4번 손가락은 다른 손가락에 비해 짧고 힘도 약하다. 그래서 3핑거처럼 1줄을 트레몰로 피킹하는 것은 어렵다. 따라서 여기서는 **깜짝 필살기[주]**로 사용할 수 있는 레이킹을 추가한 4핑거 주법을 소개하겠다.

　우선 4번 손가락이 줄에 닿으면서 다른 손가락이 균등한 힘으로 피킹할 수 있는 폼을 찾는 것이 중요하다. 기본적으로는 3핑거 폼을 토대로 해서 손목의 각도를 약간 넥 쪽으로 향하게 하자.

　4핑거 레이킹을 마스터하면 메인 프레이즈처럼 2음씩 줄 이동하는 여섯잇단음 프레이즈를 쉽게 연주할 수 있다. 3핑거 레이킹과 같은 요령으로 1번 줄 2음→2번 줄 2음→3번 줄 2음을 단숨에 연주하자(사진①~⑥). 다만, 1음 1음을 타이트하게 연주하기 위해서는 손가락 네 개의 균등한 피킹 컨트롤이 필요하므로 4번 손가락을 잘 단련하는 것이 중요하다. 여기서 4핑거 레이킹을 마스터하면 여섯잇단음 프레이즈를 초고속으로 연주할 수 있게 된다!

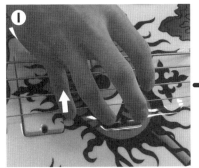

우선 1번 줄을 4번 손가락으로 피킹하고

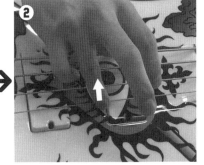

이어서 3번 손가락으로 1번 줄을 연주한다

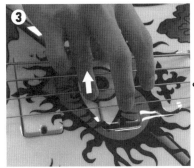

3번 손가락의 레이킹으로 2번 줄로 이동하고

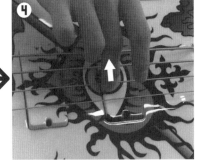

2번 손가락으로 2번 줄을 피킹한다

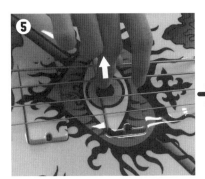

2번 손가락의 레이킹으로 3번 줄로 이동한 다음

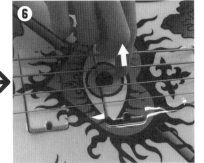

1번 손가락으로 3번 줄을 연주하자

주의점 2　🤚오른손

엄지손가락을 활용한 4핑거에 도전하자!

　중급&고급 프레이즈에서는 '엄지손가락, 1번 손가락, 2번 손가락, 3번 손가락'에 의한 변칙 4핑거를 사용한다(중급 프레이즈는 엄지손가락→3번 손가락→2번 손가락→1번 손가락, 고급 프레이즈는 3번 손가락→2번 손가락→1번 손가락→엄지손가락의 순서). 이 변칙 4핑거에서는 우선 엄지손가락을 다른 손가락의 위치와 맞추기 위해서 아래쪽으로 이동시키는 것이 중요하다. 다만 엄지손가락을 아래쪽으로 이동시키면 1번 손가락과 2번 손가락이 약간 움직이기 힘든 상태가 되므로 1번 손가락과 2번 손가락을 둥글게 잘 오므리자(사진⑦~⑩). 지금까지 소개한 피킹 폼과는 크게 다르므로 충분히 연습하기 바란다. 마스터를 하면 임팩트 있는 사운드를 낼 수 있다!

우선 엄지손가락으로 3번 줄을 피킹하고

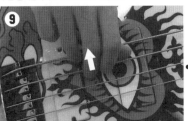

이어서 3번 손가락으로 3번 줄을 연주한다

손가락을 둥글게 구부려서 2번 손가락으로 피킹한 후에

1번 손가락으로 3번 줄을 연주하자

[깜짝 필살기] 속주 등의 테크니컬한 플레이와 함께 관객을 즐겁게 해줄 필살기를 함께 익혀두자. 상식을 초월한 발상을 할 수 있으면 초절정 베이시스트로 가는 길이 빨라질 것이다.

34

기적의 특수부대
'핑거 5소대'
초절정 5핑거 엑서사이즈

· 스위프를 사용해 매끄럽게 줄 이동을 하자!
· 손가락 5개의 피킹음량을 고르게 하자!

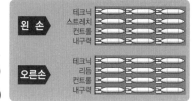

LEVEL 🔫🔫🔫🔫🔫

목표템포 ♩=114

모범연주 🔴 **TRACK 34** (DISC1)
반주트랙 🔴 **TRACK 34** (DISC2)

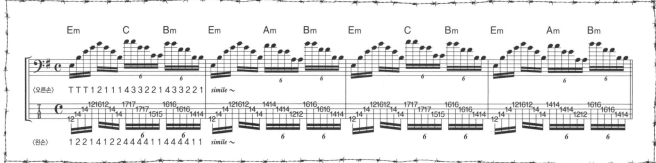

1&2박자 째에 5번 째 손가락 '엄지손가락'을 사용한 스위프 주법과 3&4박자 째에 4핑거 레이킹이 등장하는 멀티 핑거 프레이즈다. 스위프는 각 음이 짧게 끊어지는 것이 포인트이므로 왼손 뮤트가 아주 중요하다.

위의 프레이즈를 연주할 수 없는 사람은 이것으로 수행하라!

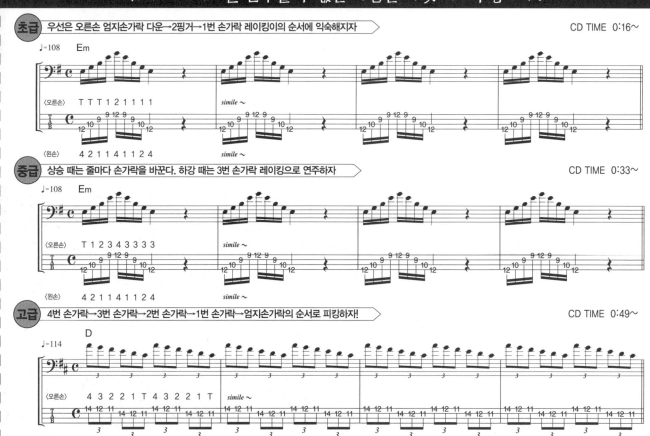

초급 우선은 오른손 엄지손가락 다운→2핑거→1번 손가락 레이킹이의 순서에 익숙해지자 ➤ CD TIME 0:16~

중급 상승 때는 줄마다 손가락을 바꾼다. 하강 때는 3번 손가락 레이킹으로 연주하자 ➤ CD TIME 0:33~

고급 4번 손가락→3번 손가락→2번 손가락→1번 손가락→엄지손가락의 순서로 피킹하자! ➤ CD TIME 0:49~

No.34와 관련해서…PART.1 P.48 [최후의 자객~다섯 번째의 그 녀석]을 연주하면 경험치가 급속히 증가한다!

주의점 1 　오른손

매끄럽게 상승&하강하는 스위프 주법에 도전하자!

　스위프 주법은 코드를 단숨에 상승&하강(또는 하강&상승)해서 코드 톤을 연주하는 테크닉이다. 이 합리적이고 유용한 테크닉을 기타리스트만 사용하게 내버려둔다는 것은 아깝다! 베이스로도 엄지손가락을 사용해서 스위프를 얼마든지 연주할 수 있다. 실제로는 저음현에서 고음현(4번 줄 →2번 줄)으로의 상승 피킹을 엄지손가락, 고음현에서 저음현(1번 줄→3번 줄)으로의 하강 피킹을 1번 손가락으로 한다(사진①∼⑦). 이 움직임은 엄지손가락과 1번 손가락의 레이킹을 조합한 것이라고 생각해도 된다.

　메인 프레이즈 1소절 째 1&2박자 째에서는 Em을 스위프로 연주한다. 4번 줄 12프렛이 루트음, 3번 줄 14프렛이 5도, 2번 줄 14프렛이 옥타브 위의 루트음, 1번 줄 12프렛이 3도가 된다. 2, 3번 줄 14프렛은 2번 손가락 바레로 누르자. 오른손 피킹은 4번→2번 줄까지가 엄지손가락, 1번 줄 12프렛이 1번 손가락, 1번 줄 16프렛이 2번 손가락이며, 그 다음의 1번 줄 12프렛, 2번 줄 14프렛, 3번 줄 14프렛이 1번 손가락이다. 즉, Em의 8음 중에서 3음을 엄지손가락, 2음을 2핑거, 3음을 1번 손가락으로 피킹하는 것이다. 스위프 주법에서는 왼손 지판누르기와 오른손 피킹의 타이밍을 **정확하게 맞추는 것[주]**이 가장 중요하다. 그리고 아르페지오와는 달리 코드 톤을 늘이면서 연결하지 않고 각 음을 짧게 끊어서 연주하므로, 뮤트를 제대로 해야 한다. 난이도가 높은 테크닉이므로 서두르지 않고 충분히 연습하자!

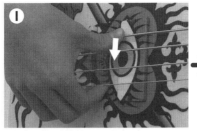
상승은 우선 엄지손가락으로 4번 줄을 피킹

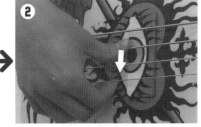
그대로 3번 줄을 연주하고

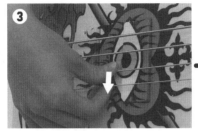
이어서 2번 줄을 연주한다

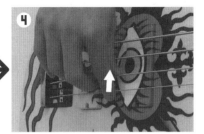
1번 손가락으로 바꿔서 1번 줄을 연주한다

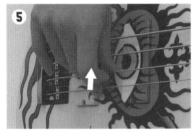
하강은 2번 손가락으로 1번 줄을 연주한 후

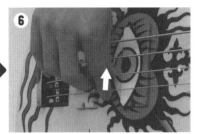
1번 줄을 다시 1번 손가락으로 피킹한다

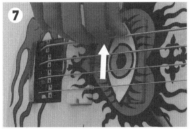
1번 손가락의 레이킹을 사용해서 2&3번 줄을 연주하자

주의점 2 　오른손

오른손 다섯 손가락의 음색이 일정해지도록 연습하자!

　고급 프레이즈는 5핑거와 레이킹을 조합해서 연주한다. 2박자 1세트(=6음) 프레이즈가 기본 패턴이며, 오른손은 4번 손가락→3번 손가락→2번 손가락→2번 손가락(레이킹)→1번 손가락→엄지손가락의 순서다. P.79의 주의점2에서 설명한 엄지손가락 피킹이므로, 엄지손가락의 위치를 아래로 내리자. 이러한 엄지손가락을 추가한 멀티 피킹은 각 손가락의 음량에 차이가 나거나 리듬이 흐트러지기 쉬우므로 균등한 힘으로 피킹하도록 하자(그림1). 서서 연주할 때에는 앉아서 연주할 때보다 오른손의 위치 조절이 어려우므로 주의하자.

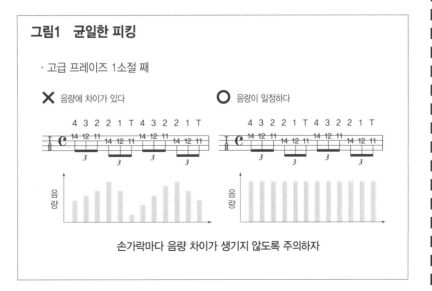

그림1　균일한 피킹

· 고급 프레이즈 1소절 째

✗ 음량에 차이가 있다　　　　○ 음량이 일정하다

손가락마다 음량 차이가 생기지 않도록 주의하자

[타이밍을 정확하게 맞춘다] 아무리 손가락을 빠르게 움직일 수 있어도, 오른손과 왼손의 타이밍이 어긋나면 뮤트음이나 노이즈만 발생하게 된다. 느린 템포로 연습하면서 자기 연주의 정확성을 재확인하자!

81

지옥의
브레이크 타임

다채로운 게스트가 한 자리에 모였다!
필자가 주최한 이벤트

필자가 주최하고 있는 '토우죠우센 엔센노카이(東上線沿線の会)'는 이제껏 총 12회의 공연을 하며 2010년에 10주년을 맞이하였다. 장르에 구애를 받지 않는 다양한 스타일의 뮤지션들이 참가하는 세션 이벤트이므로, 때로는 스테이지 위에 4명의 베이시스트가 올라가 연주하는 경우도 있다. 지금까지 게스트로 참가한 베이시스트들은 사쿠라이 테츠오, 히노 'JINO' 겐지, IKUO, 이시카와 슌스케, 무라이 켄지로, 미츠조노 쇼우타로, 타나카마루 요시타케 등의 쟁쟁한 뮤지션들이다. 참고로 이 이벤트 이름은 원래 토부토우죠우센(東武東上線) 부근에 살고 있던 필자와 그 동료들이 시작했기 때문에 붙은 것이다.

그리고 필자는 'MASAKI NIGHT' 라는 또 다른 이벤트도 개최하고 있다. 이쪽은 매번 하나의 유니트를 구성해서 라이브를 하기 때문에 많은 뮤지션이 참가하는 '토우죠우센 엔센노카이' 보다 베이스 연주에 훨씬 집중할 수 있다(공연곡은 대부분 보컬이 없는 연주곡들이다). 지금까지 소우루 토오루, 스가누마 코우조우, 하세가와 코우지 등의 실력파 드러머와 멋진 연주를 해왔다.

이러한 세션 라이브는 필자에게 밴드와는 다른 표현의 장이 되어 준다. 이 책의 독자들에게도 초절정 플레이를 가까이서 볼 수 있는 귀중한 기회일 것이므로 가능하다면 꼭 라이브를 보러 와 주길 바란다.

The Inferno 4

격철

태핑 대혈전

[태핑 엑서사이즈]

초절정 테크닉의 최종병기인 태핑.
코드와 멜로딕, 퍼커시브, 보스핸드, 라이트핸드 등
다양한 스타일을 가진 이 테크닉은
연주하는 모습은 물론, 사운드 역시 큰 임팩트를 줄 수 있다.
여기서는 수많은 태핑 필살기를 완전 공개한다.
고난이도의 훈련이 기다리고 있지만, 도중에 포기하지 말고 끝까지 도전하기 바란다!

35

전장을 울리는 양손 하모니
제1번

왼손으로 4번 줄 루트음을 연주하는 코드 태핑

· 양손의 포지션을 미리 머릿속에 넣어두자!
· 왼손 태핑을 정확하게 하자!

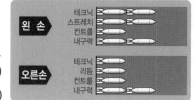

목표템포 ♩=110

모범연주 **TRACK 35** (DISC1)
반주트랙 **TRACK 35** (DISC2)

이 프레이즈는 4번 줄의 루트음과 3번 줄의 5도를 왼손, 2&1번 줄의 코드 톤을 오른손으로 태핑한다. 태핑한 음이 도중에 끊어지지 않도록 주의하면서 최종적으로 줄 4개를 동시에 울리면서 코드감을 살리자. 좌우의 포지션이 떨어져 있으므로 시선에도 주의해야 한다.

위의 프레이즈를 연주할 수 없는 사람은 이것으로 수행하라!

No.35와 관련해서⋯PART.1 P.76 [오른쪽과 왼쪽의 콜라보레이션]을 연주하면 경험치가 급속히 증가한다!

주의점 1  이론

양손을 사용해서 4화음을 연주하는 코드 태핑

코드 태핑이란 1~4번 줄을 양손 태핑으로 연주하는 주법이다. 4번 줄의 루트음을 **왼손으로 태핑하는[주]** 경우와 오른손으로 태핑하는 경우의 2가지 패턴이 있다. 왼손으로 4번 줄 루트음을 태핑하는 경우는 루트음을 낮은 음역에서 연주하므로 안정적인 느낌을 준다(**그림1**). 한편, 오른손으로 4번 줄 루트음을 태핑하는 경우는 루트음을 고음역에서 연주하기 때문에 울림이 다채로워진다. 코드 태핑에서는 오른손과 왼손의 포지션이 멀리 떨어지는 경우가 있으므로, 포지션을 눈으로 따라가지 못하고 미스 톤을 내는 경우가 있다. 미리 양손의 태핑 포지션을 기억해두자.

그림1　왼손으로 4번 줄 루트음을 두드리는 패턴

◎ 루트음(A음)

Am

왼손 / 오른손

4번 줄의 루트음을 저음역에서 연주하기 때문에 안정감을 준다

주의점 2 　오른손&왼손

오른손의 스트레치와 왼손의 음량에 주의하자!

메인 프레이즈는 왼손 1번 손가락이 4번 줄의 루트음, 4번 손가락이 3번 줄의 5도를 담당하고, 오른손을 사용해서 1&2번 줄의 코드 톤을 태핑한다. 1&2소절 째는 오른손을 크게 벌리는 것이 중요하며, 특히 2소절 째의 2번 줄 14프렛의 1번 손가락과 1번 줄 18프렛의 3번 손가락에 주의하자(**사진①&②**). 3&4소절 째는 왼손 태핑이 포인트가 된다(**사진③&④**). 로우 포지션으로 갈수록 줄과 지판의 간격이 좁아져서 태핑을 제대로 하기 힘들어지므로, 왼손을 태핑하기 편한 자세로 바꾸면서 루트음과 5도를 정확하게 연주하자. 줄마다 음량에 차이가 나지 않도록 주의하자.

메인 프레이즈 1소절 째. 양손을 정확하게 움직이자

2소절 째. 오른손 1번 손가락과 3번 손가락의 스트레치에 주의하자!

3소절 째. 왼손으로 파워 코드를 연주하자

4소절 째. 왼손은 저음현을 태핑하기 편한 자세를 잡는 것이 중요하다

~칼럼23~
교관의 칼럼

베이스에 태핑은 필요한가? 그 막강한 효능을 밝힌다

태핑은 분명히 특수한 주법이다. 만약 누가 필자에게 '태핑은 반드시 마스터해야하는 건가요?'라고 묻는다면, '절대로 그렇진 않다'라고 대답할 것이다. 하지만, 태핑이라는 주법을 미술로 예를 들면 화가에게 다양한 색깔의 물감을 주는 것이라고 할 수 있다. 즉 태핑은 베이시스트의 개성을 넓히고 밴드 앙상블에서도 다채로운 어프로치를 할 수 있는 계기가 된다.

태핑이 도움이 되는 예를 하나 소개하겠다. 3피스 밴드의 기타리스트가 라이브 중에 솔로를 연주하면 백킹은 베이스뿐이므로 사운드의 두께와 코드감이 없어지는 경우가 있다. 그것도 라이브의

매력이라 할 수 있지만, 베이시스트가 태핑을 활용하면 안정감(=저음감)을 유지한 상태로 코드감도 낼 수 있다. 이렇게 태핑은 라이브 등의 '실전 상황'에서 매우 강력한 무기가 된다. 또한 태핑은 베이스를 단숨에 멜로디 악기로 바꾸는 효능도 있다. 때문에 베이스가 보컬이나 기타에 비해 화력이 부족하다는 이미지를 날려버리고, 베이스의 표현력을 더욱 높이는 효과까지 겸한 테크닉이라고 할 수 있다.

안정감과 코드감을 동시에 낼 수 있는 태핑은 라이브에서 강력한 무기가 된다!

[**왼손으로 태핑한다**] 왼손으로 줄을 두드리는 것은 일반적으로 해머링이라고 하지만, 이런 패턴에서는 피킹하지 않고 바로 왼손으로 지판을 두드리기 때문에 '태핑한다'는 표현을 쓴다.

36

전장을 울리는 양손 하모니
제 2번

오른손으로 4번 줄 루트음을 연주하는 코드 태핑

- 4번 줄의 루트음을 오른손으로 때리자!
- 코드음을 충분히 늘이자!

목표템포 ♩=116

모범연주 TRACK 36 (DISC1)
반주트랙 TRACK 36 (DISC2)

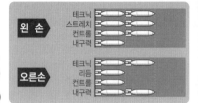

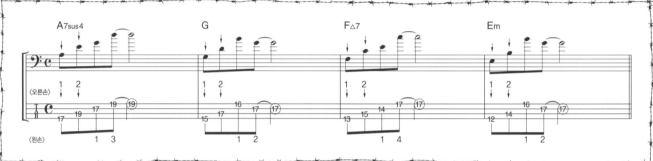

오른손 1번 손가락으로 4번 줄의 루트음, 2번 손가락으로 3번 줄의 5도, 왼손으로 2&1번 줄의 코드 톤을 태핑한다. 이러한 태핑 패턴은 기타의 코드폼과 동일한 포지션이 되므로 기타용 코드사전을 참고하면서 포지션을 찾아보는 것도 좋다.

위의 프레이즈를 연주할 수 없는 사람은 이것으로 수행하라!

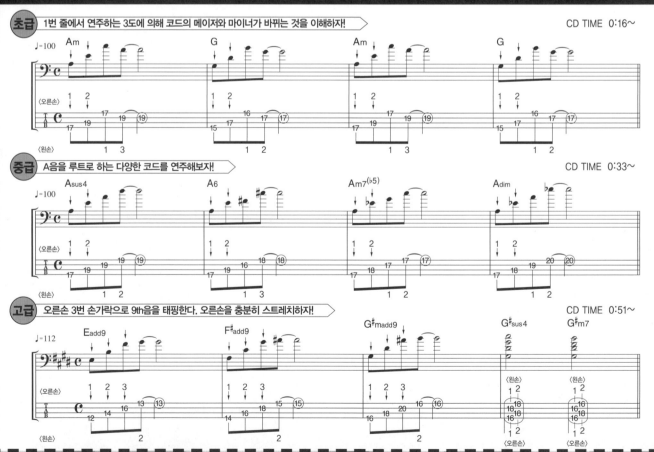

No.36과 관련해서…PART.1 P.76 [오른쪽과 왼쪽의 콜라보레이션]을 연주하면 경험치가 급속히 증가한다!

86

 주의점 1　이론

루트를 누르는 방법에 따라 변화하는 코드 태핑

왼손으로 4번 줄의 루트음을 누르는 태핑은 왼손 손바닥이 1&2번 줄 위에 오기 때문에, 오른손의 태핑 포지션이 왼손과 멀리 떨어지게 된다. 그러므로 기타처럼 가까운 프렛을 사용한 코드를 연주할 수 없다. 하지만 오른손으로 4번 줄의 루트음을 누르는 스타일로는 왼손으로 오른손 바로 아래의 프렛을 누를 수 있으므로 코드를 폭넓게 만들 수 있다. 그리고 오른손과 왼손의 태핑 포지션이 가깝기 때문에 양손의 움직임을 눈으로 보고 확인하기도 쉽다(그림1). 다만 하이 포지션이 중심이 되므로 루트음의 음역이 그다지 넓어지지 않아서 프레이즈를 만들 때에는 주의하자.

그림1　오른손으로 4번 줄 루트음을 누르는 패턴

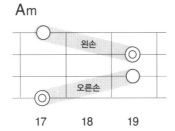

◎ 루트음(A음)

Am

17　18　19

왼손의 자유도가 높아져서 코드를 폭넓게 만들 수 있다

 주의점 2　이론

1&2번 줄에서 연주하는 코드 톤을 확인하라!

메인 프레이즈는 오른손 1번 손가락이 4번 줄의 루트음, 2번 손가락이 3번 줄의 5도를 담당하고, 왼손을 사용해서 1&2번 줄의 코드 톤을 태핑한다. **소절마다 코드 톤이 바뀌기[주]** 때문에, 왼손의 포지션도 자주 움직여야 하므로 주의하자(그림2). 구체적으로는 1소절 째(A7sus4)는 2번 줄이 m7th, 1번 줄이 4th, 2소절 째(G)는 2번 줄이 옥타브 위의 루트음, 1번 줄이 3rd, 3소절 째(F△7)는 2번 줄이 △7th, 1번 줄이 5th, 4소절 째(Em)는 2번 줄이 m3rd, 1번 줄이 5th가 된다. 이 프레이즈를 참고로 원하는 코드 폼을 찾아보자. 코드를 많이 외워두면 프레이징의 폭도 크게 늘어난다.

그림2　메인 프레이즈의 코드 포지션

◎루트음

· 1소절 째 (A7sus4)

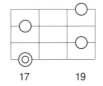

17　19

· 2소절 째 (G)

15　17

· 3소절 째 (F△7)

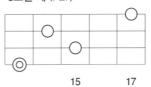

15　17

· 4소절 째 (Em)

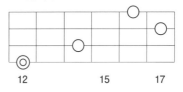

12　15　17

~칼럼24~
교관의 칼럼

쉽게 구할 수 있는 아이템으로 노이즈를 완벽 차단! 베이시스트를 위한 뮤트 아이디어들

어떤 주법에서든 사용하지 않는 줄을 정확하게 뮤트하는 것은 매우 중요하다. 하지만, 태핑은 오른손이 줄에서 떨어지는 경우가 많으므로 뮤트를 하기 힘들다. 때문에 기타리스트와 베이시스트들은 태핑을 할 때에 자신만의 뮤트 아이디어를 가지고 있다. 여기서는 뮤트와 관련된 아이디어를 몇 가지 소개하겠다.

많은 베이시스트들이 사용하는 방법 중에 머리카락을 묶는 고무밴드를 사용하는 방법이 있다. 미리 너트 부근에 고무밴드를 끼워두고 태핑을 연주하기 직전에 고무밴드를 지판 위로 이동시켜서 뮤트를 하는 것이다. 마이클 잭슨이나 제프 벡의

서포트 기타리스트이기도 했던 Jenniffer Batten은 고무밴드에서 착안한 뮤트 전용 레버를 기타 본체에 장착했다. 참고로 필자는 녹음할 때, 베이스의 넥에 테이프를 붙이거나 레코딩 스태프에게 넥을 가볍게 쥐어달라고 부탁해서, 불필요한 진동을 억제하는 경우가 있다. 고생하며 녹음한 연주에 지저분한 노이즈가 들어가면 녹음된 연주자도 힘이 빠진다. 베이시스트로서의 수준을 한 단계 높이고 싶다면, 정확하게 연주하는 것과 마찬가지로 불필요한 음이 울리지 않도록 하는 것에도 주의를 기울이는 것이 중요하다.

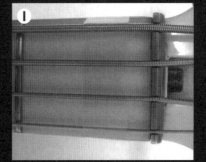

로우 포지션에 테이프를 붙이는 것도 효과적인 방법이다

[소절마다 코드 톤이 바뀐다] 코드의 명암을 결정하는 3rd와 코드의 진행감과 울림을 멋지게 꾸며주는 7th는 매우 중요한 코드 톤이다. 미스 터치가 나지 않도록 정확하게 연주하자

37

하늘을 찌르는 반역의 멜로디
제1번

왼손으로 저음현 루트음을 연주하는 멜로딕 태핑

· 코드와 멜로디를 동시에 연주하자!
· 왼손의 내구력을 기르자!

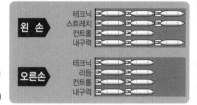

LEVEL 🔫🔫🔫🔫   목표템포 ♩=112

모범연주 🎵TRACK **37** (DISC1)
반주트랙 🎵TRACK **37** (DISC2)

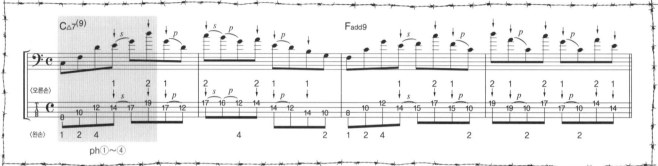

시작 부분의 왼손 1번 손가락의 4번 줄 8프렛, 2번 손가락의 3번 줄 10프렛, 4번 손가락의 2번 줄 12프렛은 와이드한 스트레치이지만, 왼손이 도중에 줄에서 떨어지지 않도록 주의하면서, 음을 충분히 늘이자. 멜로디를 연주하는 오른손 태핑은 자연스럽게 연주해야 한다.

위의 프레이즈를 연주할 수 없는 사람은 이것으로 수행하라!

초급 태핑 후의 슬라이드를 할 때, 음이 끊어지지 않도록 주의하자   CD TIME 0:16~

중급 왼손 4번 손가락으로 태핑하는 2번 줄의 음량이 작아지지 않도록 주의하자   CD TIME 0:33~

고급 오른손 멜로디가 메인이 되는 패턴. 슬라이드와 풀링을 정확하게 연주하자   CD TIME 0:51~

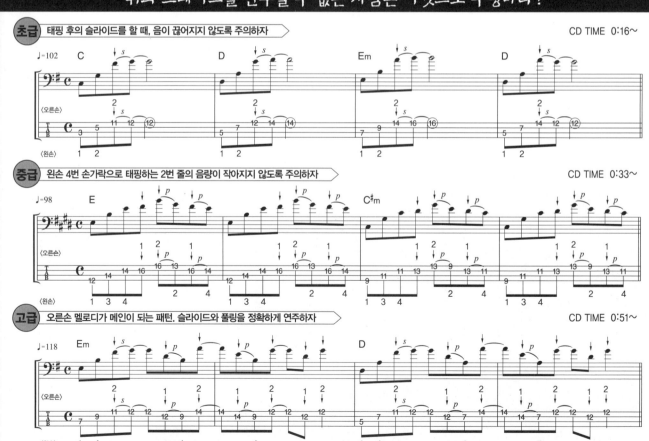

No.37과 관련해서…PART.1 P.78 [탐미! 양손 세계〈1〉]를 연주하면 경험치가 급속히 증가한다!

주의점 1  이론

코드 태핑의 발전기술 멜로딕 태핑

　멜로딕 태핑이란 한손으로 코드를 연주하면서 다른 손으로 아르페지오를 연주하는 태핑이다. 코드(루트음)를 왼손으로 태핑하는 경우와 오른손으로 태핑하는 경우가 있기 때문에 코드 태핑의 연장선상에 있는 주법이라고 할 수 있다. 코드 태핑이 '정(靜)'이라면, 멜로딕 태핑은 '동(動)'이라고 할 수 있다. 또한 일반적으로 '멜로딕 태핑=베이스 태핑'이라고 인식하고 있는 것 같다. 지판 위에서 많이 움직이기 때문에 코드관련 지식과 지판 위의 음 배열을 잘 이해하고 있어야 자신만의 프레이즈를 만들 수 있다. 우선은 **그림1**을 보고 메인 프레이즈의 포지션을 익혀보자.

그림1　메인 프레이즈의 코드 포지션

◎ 루트음

· 1&2소절 째

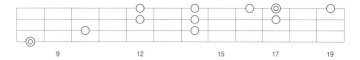

· 3&4소절 째

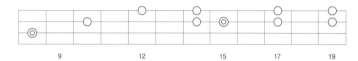

주의점 2 오른손&왼손

왼손의 운지를 유지하면서 오른손으로 아르페지오를 연주하자!

　메인 프레이즈는 왼손으로 누른 코드 톤이 끊어지지 않도록 유지하는 것이 포인트[주]다. 1&2소절 째에서는 왼손 1번 손가락으로 루트음(4번 줄 8프렛), 2번 손가락으로 5도(3번 줄 10프렛), 4번 손가락으로 9도(2번 줄 12프렛)를 차례대로 태핑한다. 이때, 태핑한 음이 끊어지지 않도록 주의해야 하는 것이다(사진①). 왼손의 폼에 스트레치가 필요하므로 왼손에 상당한 인내력과 지구력이 요구된다. 넥 뒤의 엄지손가락의 위치를 조절하면서 지판을 누르는 힘이 약해지지 않도록 주의하자. 오른손은 왼손이 연주하고 있는 3화음을 배경으로 아르페지오를 태핑한다. 프렛이 자주 변화하므로(사진②~④) 자연스럽게 연주를 할 수 있도록 연습하자.

메인 프레이즈 1소절 째. 우선 왼손으로 3화음을 누른다

왼손으로 지판을 누른 상태로 오른손 1번 손가락으로 2번 줄 14 프렛을 태핑

오른손 1번 손가락을 17프렛으로 슬라이드하고

1번 손가락으로 지판을 누른 상태로 2번 손가락으로 19 프렛을 태핑한다

~칼럼 25~

교관의 칼럼

　저자가 스튜어트 햄을 조 새트리아니나 스티브 바이와 같은 기타리스트의 서포트 베이시스트로만 알고 있었을 때에는, 그가 기본에 충실한 장인 정신을 가진 베이시스트라는 선입견을 가지고 있었다. 하지만, 그의 솔로 앨범을 처음 들었을 때에는 큰 충격을 받았으며, 그에 대한 생각이 크게 바뀌었다. 그는 태핑을 사용해서 베이스로도 아름다운 선율을 연주할 수 있다는 것을 훌륭하게 증명해보였다. 손가락 연주, 피크 연주, 슬랩과 함께 태핑의 가능성을 크게 넓혀준 그의 솔로 앨범은 초절정 베이시스트를 목표로 하는 사람이라면 반드시 들어봐야만 한다.

저자 MASAKI가 소개하는 스튜어트 햄

스튜어트 햄
〈Radio Free Albemuth〉
그의 뛰어난 실력을 증명해준 첫 번째 솔로 앨범이다. 조 새트리아니와 Allan Holdsworth가 게스트로 참가했다.

스튜어트 햄
〈Kings of Sleep〉
두 번째 솔로 앨범. 슬랩과 태핑 등의 테크니컬한 연주를 만끽할 수 있는 진정한 초절정 베이시스트의 작품이라고 할 수 있는 앨범이다.

[왼손으로 누른 코드 톤이 끊어지지 않도록 유지하는 것이 포인트] 왼손 운지에 힘이 빠지면 정확한 멜로딕 태핑을 할 수가 없다. 줄을 제대로 누르는 것이 가장 중요하다. 서스테인이 긴 음색을 만드는 것도 중요하다.

38

하늘을 찌르는 반역의 멜로디
제2번

오른손으로 저음현 루트음을 연주하는 멜로딕 태핑

· 오른손 3번 손가락의 태핑을 정확하게 하자!
· 코드를 매끄럽게 바꾸자!

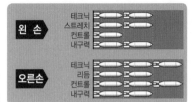

LEVEL 🔫🔫🔫🔫 목표템포 ♩=112 모범연주 🔘TRACK 38 (DISC1) 반주트랙 🔘TRACK 38 (DISC2)

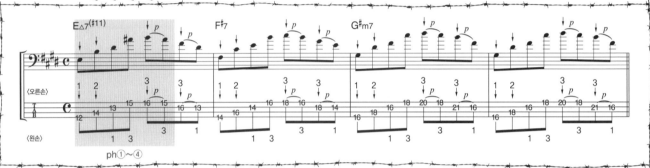

오른손 1번 손가락으로 4번 줄의 루트음, 2번 손가락으로 3번 줄의 5도, 왼손 1번 손가락으로 3번 줄의 코드 톤, 약손가락으로 1번 줄의 코드 톤을 태핑한다. 태핑한 손가락이 줄에서 떨어지지 않도록 주의하면서 오른손 3번 손가락의 태핑&풀링을 정확하게 연주하자. 오른손을 충분히 벌리는 것이 중요하다.

위의 프레이즈를 연주할 수 없는 사람은 이것으로 수행하라!

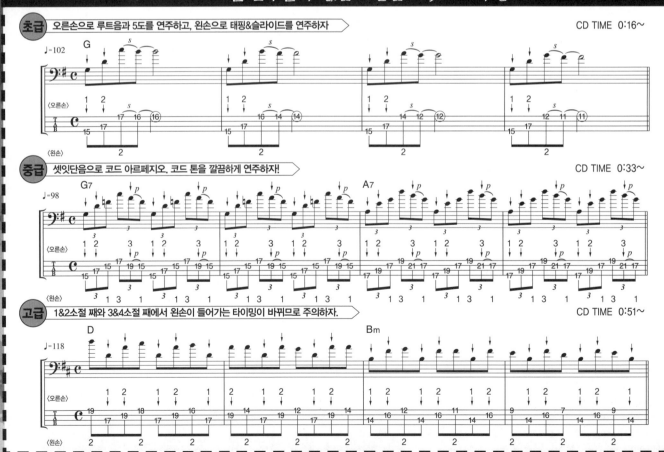

초급 오른손으로 루트음과 5도를 연주하고, 왼손으로 태핑&슬라이드를 연주하자 CD TIME 0:16~

중급 셋잇단음으로 코드 아르페지오, 코드 톤을 깔끔하게 연주하자! CD TIME 0:33~

고급 1&2소절 째와 3&4소절 째에서 왼손이 들어가는 타이밍이 바뀌므로 주의하자. CD TIME 0:51~

No.38와 관련해서…PART.1 P.80 [탐미! 양손 세계(2)]를 연주하면 경험치가 급속히 증가한다!

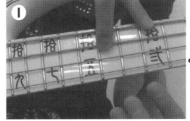  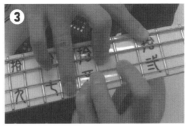 

주의점 1 오른손&왼손

양손의 지판 누르기를 유지한 상태로 오른손 3번 손가락으로 태핑하라!

오른손으로 저음현의 루트음을 누르는 멜로딕 태핑은 아르페지오를 연주하는 오른손 3번 손가락이 포인트가 되는 경우가 많다. 메인 프레이즈 1소절 째로 예를 들어 설명하자면, 오른손 1번 손가락으로 4번 줄 12프렛의 루트음, 2번 손가락으로 3번 줄 14프렛의 5도를 태핑한다(사진①). 이어서 왼손으로 1&2번 줄의 코드 톤을 때린 후에 양손의 지판 누르기를 유지한 상태로 오른손 3번 손가락으로 태핑과 풀링을 한다(사진②~④). 특히 오른손의 지판 누르기를 유지하는 것과 스트레치가 힘들므로, 손가락의 힘을 충분히 단련하기 바란다. 최종적으로는 자연스러운 연주를 할 수 있도록 연습하자!

우선 오른손 1번 손가락 &2번 손가락으로 4&3번 줄을 두드린다

이어서 왼손 1번 손가락과 3번 손가락으로 2&1번 줄을 태핑하자

양손이 지판을 누른 상태로 오른손 약손가락이 태핑

오른손 3번 손가락은 태핑 후에 풀링을 한다

주의점 2 오른손&왼손

항상 다음 포지션을 보고 프레이즈를 매끄럽게 연결하자

태핑 프레이즈의 악보는 읽기 쉽게 하기 위해서 타이와 슬러 등의 음을 늘이는 기호를 생략하고 있다. 하지만, 실제로는 1음 1음을 늘이면서 연주하는 것이 중요하다. 메인 프레이즈는 각 소절의 1&2박자 째가 양손 코드 태핑, 3&4박자 째가 오른손 3번 손가락의 태핑&풀링에 의한 아르페지오로 연주한다(코드 태핑으로 연주한 4화음을 늘이면서 아르페지오를 추가하는 흐름). 손가락을 충분히 벌리면서 태핑 포인트를 정확하게 포착하고 코드 체인지도 원활하게 하는 것이 중요하다. 태핑 포지션을 머릿속에 떠올리면서 항상 다음 포지션을 미리 확인하면서[주], 바쁜 움직임에 대처하자(그림1).

그림1 시선을 두는 방법

다음 포지션을 확인하면서 연주하자!

지금 연주하고 있는 포지션만 봐서는 안 된다!

~칼럼26~
교관의 칼럼

당신은 패시브파? 액티브파?
베이시스트를 위한 픽업 선택 방법

베이스의 픽업은 건전지로 작동하는 '액티브 타입'과 건전지를 사용하지 않는 '패시브 타입'이 있다. 기본적으로는 오래된 악기나 리이슈 모델에는 패시브, 최근 모델에는 액티브가 탑재되어 있는 경우가 많다(물론 예외적으로 최근 모델 중에서도 패시브 타입이 탑재된 경우도 있다). 패시브는 어떤 특정 음역의 출력(특히 중음역대)이 강하고, 액티브는 하이부터 로우까지 폭넓게 출력하는 특성을 가지고 있다. 필자는 레코딩에는 패시브, 라이브에는 액티브를 선호한다. 레코딩을 할 경우에는 중음역대가 강조되면서 깔끔한 소리를 내주는 패시브 타입이 유리하며, 베이스의 존재감을 부각

시킬 수 있다(액티브는 음의 밸런스가 좋기 때문에 다른 악기와 너무 잘 섞여버리는 인상이 있다). 한편 라이브에서는 일반적인 2핑거와 태핑, 슬랩 등, 1곡 안에서 여러 테크닉을 사용하는 경우가 있기 때문에 음역이 넓은 액티브 타입이 톤을 잡기 쉽다. 또한 액티브 쪽이 드럼과 기타에 묻히지 않고 베이스 소리를 제대로 들려줄 수 있다. 픽업은 자신의 손끝에서 나온 음을 더욱 명확하게 표현해주는 중요한 존재이므로 자신에게 맞는 픽업을 찾아보기 바란다.

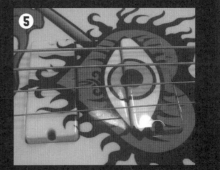

필자의 커스텀 모델. 픽업은 프론트가 EMG-35P, 리어가 EMG-35J0이며 둘 다 액티브 타입이다.

[다음 포지션을 미리 확인하면서] 항상 다음 포지션을 확인하면서 연주하면, 음을 매끄럽게 연결할 수 있다. 그러기 위해서도 프레이즈의 흐름을 머릿속에 넣어두는 것이 중요하다.

39

하늘을 찌르는 반역의 멜로디
제3번

실전적인 멜로딕 태핑 엑서사이즈

 · 저음현을 정확하게 연주하자!
· 레가토를 제대로 표현하자!

 목표템포 ♩=112

모범연주 TRACK 39 (DISC1)
반주트랙 TRACK 39 (DISC2)

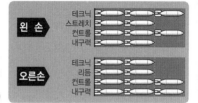

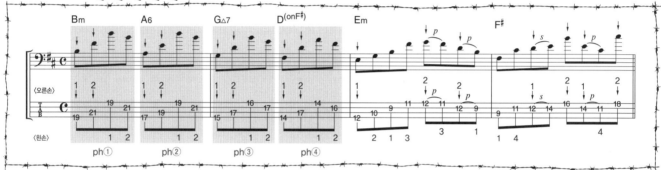

1&2소절 째에 나오는 오른손 코드 태핑은 코드음을 길게 늘여야 한다. 그리고 3소절 째의 오른손 멜로딕 태핑은 왼손에 주의해야 하며, 4소절 째의 왼손 멜로딕 태핑은 오른손 슬라이드와 풀링을 정확하게 하자.

위의 프레이즈를 연주할 수 없는 사람은 이것으로 수행하라!

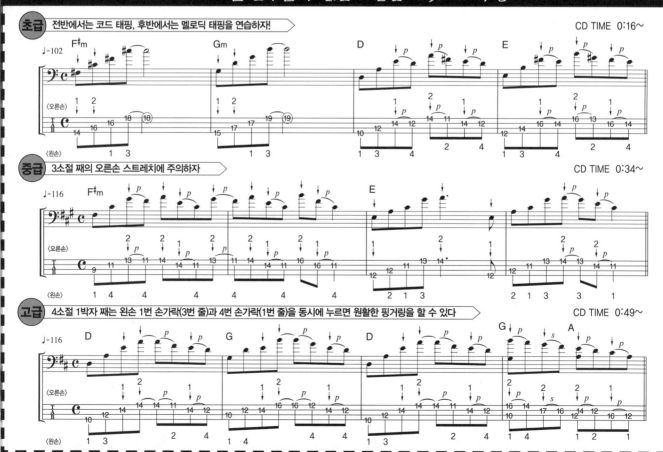

No.39과 관련해서…PART.3 P.50 [필살! 손가락 때리기 명인]을 연주하면 경험치가 급속히 증가한다!

주의점 1　오른손&왼손

루트음을 연주하는 손가락은
전체의 흐름을 파악한 후 결정하자

코드 태핑과 멜로딕 태핑을 할 때의 루트음은 왼손과 오른손 양쪽 모두를 사용할 수 있다. 루트음은 코드의 토대가 되는 음이므로 기본적으로 프레이즈 안에서 가장 낮은 음이 되는 경우가 많다(분수 코드라는 예외도 있다). 그럼 실제로 코드 태핑을 연주할 때에는 루트음의 배치를 어떻게 정하면 좋을까?

가장 일반적인 방법은 4번 줄에 배치하는 것이다. 루트음을 4번 줄에서 연주하면 남은 줄 3개를 사용해서 코드 톤을 연주할 수 있다. 신체 구조상, 4번 줄에 배치한 루트음이 10프렛 이상이면 오른

손, 10프렛 이하라면 왼손으로 누르는 것이 자연스럽다. 다만, 루트음이 E음일 때에는 주의가 필요하다. 지판을 때리면서 음을 연결하는 코드 태핑에서 개방현을 사용하는 경우는 드물다. 그러므로 E음으로 사용하는 포지션은 4번 줄 개방현이 아니라, 4번 줄 12프렛(오른손)이나 3번 줄 7프렛(왼손)이 된다. 즉 코드 진행상 E음이 루트가 되는 코드가 등장할 경우, 앞뒤의 흐름에 따라 어느 포지션을 사용할지 생각할 필요가 있다.

F#m→E→C#m→D의 코드 진행을 예로 들어 생각해보자(그림1). 루트음을 누르는 손가락은

1&2소절 째는 오른손이지만, 3&4소절 째는 왼손이다. 즉, 이 경우에는 E코드의 루트음은 오른손으로 누르는 편이 좋다. 이처럼 **전체의 흐름을 파악[주]**한 후에 태핑 포지션을 결정하도록 하자.

그림1　코드 태핑의 루트음을 누르는 방법

루트음을 오른손으로 연주한다　　　　루트음을 왼손으로 연주한다

주의점 2　오른손&왼손

저음현을 확실하게 때려서
코드감을 살리자!

메인 프레이즈는 1&2소절 째가 코드 태핑, 3&4소절 째가 멜로딕 태핑이다. 1소절 째는 2&1번 줄의 포지션이 일정하므로 그렇게 어려진 않을 것이다(사진①&②). 2소절 째는 후반부 4&3번 줄의 포지션이 이제까지의 파워코드 폼과는 달리, 3번 줄이 1프렛 분량 올라가므로 (사진③&④), 왼손 2번 손가락의 스트레치가 중요하다. 3소절 째는 왼손으로 3~1번 줄을 눌러서 3화음을 만든다. 코드음이 작아지지 않도록 줄을 확실하게 때리자. 4소절 째의 오른손 1번 손가락의 태핑&슬라이드는 음이 끊어지지 않도록 주의하면서, 매끄럽게 연주할 수 있도록 연습하기 바란다.

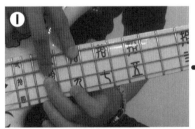

1소절 1&2박자 째. 3&4번 줄을 확실하게 때리자

1소절 3&4박자 째에서는 3&4번 줄만 이동한다

2소절 1&2박자 째. 1&2번 줄의 포지션에 주의!

2소절 3&4박자 째는 왼손 2번 손가락을 충분히 늘이자

[전체의 흐름을 파악] 조절정의 정점에 도달하기 위해서는 불필요한 동작을 줄이는 것이 필수적이다. 아무 생각 없이 연주해서는 안 된다. 항상 전체 프레이즈의 흐름을 파악한 후에 포지션을 찾도록 하자.

40

양손 연타로 거침없이 공격하라!
제1격

단음 퍼커시브 태핑

· 어택감을 중시해서 태핑하자!
· 양손을 기계적으로 움직이자!

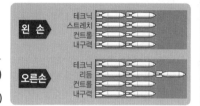

LEVEL

목표템포 ♩＝158

모범연주 TRACK 40 (DISC1)
반주트랙 TRACK 40 (DISC2)

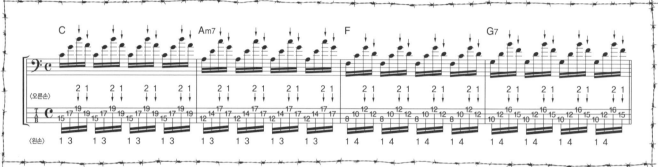

코드 태핑은 음을 길게 늘여서 코드감을 살리는 것이 중요하지만, 퍼커시브 태핑은 음이 깔끔하게 끊어지는 어택감이 있는 사운드를 내는 것이 포인트다. 정확한 태핑과 리드미컬한 연주를 목표로 하자.

위의 프레이즈를 연주할 수 없는 사람은 이것으로 수행하라!

초급 1소절마다 왼손과 오른손의 손가락 순서가 바뀌므로 주의하자! · · · · CD TIME 0:12~

중급 오른손으로 저음현 루트음을 때린다. 4줄 모두를 사용해서 리드미컬하게 연주하자! · · · CD TIME 0:26~

고급 태핑 하모닉스 프레이즈. 왼손 포지션의 1옥타브 위(12프렛 위)를 오른손으로 때리자 · · · CD TIME 0:40~

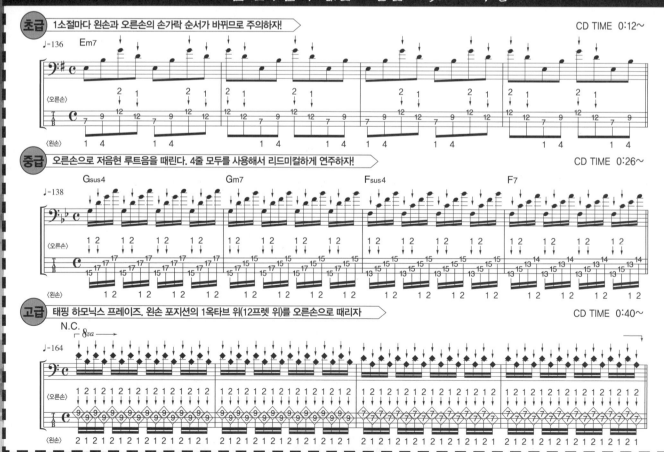

No.40와 관련해서···PART.1 P.84 [기계 구조의 멜로디]를 연주하면 경험치가 급속히 증가한다!

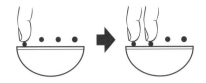

주의점 1　오른손&왼손

음을 짧게 끊어서
어택감을 연출하자!

　지금까지 연습해온 태핑 프레이즈는 모두 코드 감을 내기 위한 '코드 태핑(멜로딕 태핑)'이었다. 코드 태핑은 음을 길게 늘일 필요가 있지만, 이번 엑서사이즈와 같은 '퍼커시브 태핑'은 코드감이 아니라 어택감을 내는 것이 포인트다(그림1). 기본적으로 양손 모두를 태핑한 다음, 손을 줄에서 바로 띄우면서 음을 짧게 끊는 것이 중요하다. 깔끔하게 끊어지는 기계적인 느낌을 잘 살려보자. 오른손&왼손 콤비네이션, 리듬, 태핑의 어택감에 주의하면서 손가락으로 지판을 세게 때리며 연주하자.

　이번 엑서사이즈는 우선 부록CD의 모범연주를 듣고 뉘앙스를 파악하는 것이 중요하다. 악보만 보고 바로 연습을 시작하지 않기 바란다. 모든 프레이즈가 같은 리듬 패턴의 반복이므로 모범연주를 들으면 바로 리듬을 파악할 수 있을 것이다. 메인 프레이즈는 왼손 1번 손가락으로 3번 줄(루트음), 3번 손가락 또는 4번 손가락으로 2번 줄(5도)을 태핑하고, 오른손은 2번 손가락으로 1번 줄, 1번 손가락으로 2번 줄을 때린다(사진①~④). 손가락 순서는 왼손 1번 손가락→왼손 3번 손가락(4번 손가락)→오른손 3번 손가락→오른손 1번 손가락이며, 양손의 콤비네이션에도 주의하자. 정확한 리듬과 각 손가락의 음량을 일정하게 만들어서 **기계적인 느낌으로 연주하재**[주].

그림1　태핑의 비교

· 코드 태핑

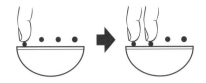

먼저 연주한 음을 늘어트리는 상태로 다음 음을 태핑해서 코드감을 낸다.

· 퍼커시브 태핑

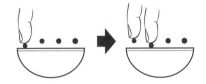

짧게 끊는 태핑을 하면서 어택감을 낸다.

1소절 째의 포지션. 깔끔하게 끊어지도록 연주하자

2소절 째의 폼. 매끄럽게 이동하자

3소절 째부터 2번 줄은 왼손 4번 손가락으로 태핑한다

4소절 째만 1&2번 줄의 폼이 바뀐다

주의점 2　오른손&왼손

빠른 히트&어웨이로
하모닉스음을 내자!

　고급 프레이즈는 1&2번 줄을 누르면서 오른손으로 하모닉스 포인트를 때리는 태핑 하모닉스 프레이즈다. 1&2소절 째에서는 1&2번 줄 9프렛을 누르고, 그 1옥타브(=12프렛) 위의 1&2번 줄 21프렛을 오른손 1번 손가락과 2번 손가락으로 교대로 때려서 하모닉스 음을 낸다. 다만, 모범연주에서는 때때로 저음현 쪽(주로 17프렛)의 하모닉스 포인트를 때려서 다른 음정의 하모닉스를 연주하고 있으므로 주의하기 바란다(사진⑤~⑧). 태핑 하모닉스는 손가락 끝으로 슬랩을 한다는 생각으로 프렛을 '신속하게 때린다&줄에서 손을 뗀다'는 식으로 하면 깔끔하게 소리를 낼 수 있을 것이다.

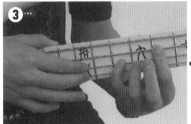

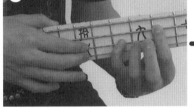

고급 프레이즈 1&2소절 째. 1&2번 줄 9프렛을 누르고

21프렛을 오른손으로 신속하게 때리자

가끔씩 17프렛을 때려서

하모닉스의 음정에 변화를 줄 수 있다

[기계적인 느낌으로 연주하자] 퍼커시브 태핑을 기계적으로 연주하기 위해서는 태핑음을 얼마나 정확하게 끊느냐가 포인트다. 신속하게 줄에서 손을 떼면서 줄의 진동을 정확히 멈추도록 하자.

41

양손 연타로 거침없이 공격하라!
제2격

코드를 사용한 퍼커시브 태핑

· 발을 구르면서 리듬을 정확하게 잡자!
· 오른손으로 악센트음을 정확히 때리자!

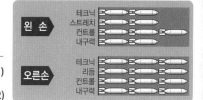

LEVEL 🔫🔫🔫🔫🔫　목표템포 ♩=142　모범연주 TRACK 41 (DISC1)　반주트랙 TRACK 41 (DISC2)

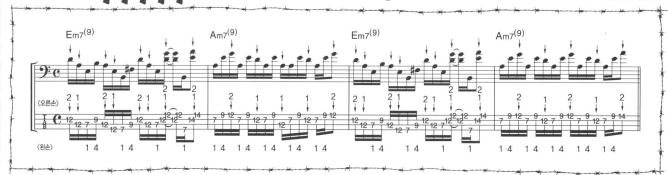

이 프레이즈는 음표와 줄 이동이 복잡하므로 우선은 부록CD를 듣고 연습하기 전에 미리 프레이즈를 익혀두자. 오른손 태핑이 프레이즈의 악센트가 되는 것을 기억해두고, 오른손 1번 손가락과 2번 손가락에 의한 2음 동시 태핑의 음량차가 생기지 않도록 주의하기 바란다.

위의 프레이즈를 연주할 수 없는 사람은 이것으로 수행하라!

No.41과 관련해서…PART.1 P.84 [기계 구조의 멜로디]를 연주하면 경험치가 급속히 증가한다!

주의점 1  이론

발을 일정하게 구르면서 정확한 리듬을 잡자

퍼커시브 태핑은 그 이름대로 퍼커션을 두드리는 것 같은 테크닉이므로 16비트 기반의 패턴이 많다. 따라서 연주자가 그루브를 컨트롤 하지 못하면, 프레이즈가 무너져버린다. 리듬감이 좋지 않은 '몸치[주]'들의 연주를 보고 있으면, 연주 중에 템포를 유지하는 다리의 스텝(카운트)이 흐트러지는 경우가 많다. 4분음 타이밍으로 발구르기를 하면서 몸으로 16분음을 느끼도록 하자(그림1). 퍼커시브 태핑은 언뜻 복잡해보이지만, 발구르기로 리듬을 유지하면서 연습하다보면 연주할 수 있게 될 것이다.

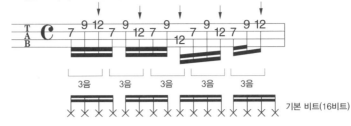

그림1 발구르기에 의한 카운트

· 메인 프레이즈 2소절 째

3음　3음　3음　3음　3음

기본 비트(16비트)

×　… 태핑 패턴 단위로 발을 구른다

○　… 4분음 리듬으로 발을 구른다

리듬 패턴이 변칙적인 폴리리듬 스타일의 프레이즈는
특히 발구르기가 흐트러지기 쉬우므로 주의하자

주의점 2 오른손&왼손

악센트음은 오른손으로 정확하게 때리자!

메인 프레이즈의 모범연주를 들어보면 상당히 트리키하게 느껴질 것이다. 하지만, 사용하고 있는 프렛은 7, 9, 12프렛뿐이며, 이 3개의 프렛을 줄 이동하면서 복잡한 리듬으로 연주해서 강렬한 임팩트를 주는 것이다. 프레이즈의 악센트는 모두 오른손에 있다. 프레이즈의 억양을 파악해두면 더욱 모범연주에 가까운 연주를 할 수 있게 될 것이다. 2&4소절 째는 16분음 3개 프레이즈(=폴리리듬 스타일) 패턴으로 되어 있다. 3음 째에 오른손 태핑이 들어가는 것을 의식하면서 연주하자(사진①~④).

2소절 3음 째. 2번 손가락으로 1번 줄 12프렛을 때린다

2소절 6음 째. 여기서는 1번 손가락으로 태핑한다

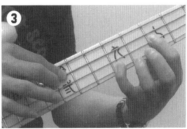

2소절 9음 째. 3번 줄 12프렛을 1번 손가락으로 때리자

2소절 12음 째. 다시 1번 손가락으로 2번 줄을 태핑한다

~칼럼 27~ 교관의 칼럼

태핑을 깔끔하게 들려주는 저자의 이펙터 세팅

여기서는 필자의 태핑 톤 메이킹을 소개하겠다. 필자는 평소에 멀티 이펙터를 사용하고 있다. 멀티 안의 이펙터 순서는 컴프레서→EQ→코러스→딜레이→리버브이다. 컴프레서의 설정은 드라이브를 살짝 걸고 서스테인을 많이 준다(사실은 태핑뿐만 아니라 어떤 연주법이라도 동일하다). EQ로 하이를 강조하고, 미들을 살짝 부스트 그리고 로우는 과감히 커트한다. 코러스는 음이 너무 심하게 흔들리지 않고, 확산감을 느낄 수 있을 정도로 세팅하고 있다. 딜레이 타임을 314ms부근으로 맞추고, 리버브는 이펙트 레벨이 클수록 원음이 멀게 들리므로 너무 많이 걸지 않는다. 마지막

에 주의할 것은 마스터 볼륨이다. 태핑은 원래 음량이 작아지기 쉬운 테크닉이므로 태핑용 세팅은 어느 정도 볼륨을 올려두는 것이 좋다. 이펙터는 베이스 앰프의 스피커에 따라서 걸리는 정도가 크게 바뀐다. 그때그때의 상황에 맞춰서 미세조정을 하자. 자신의 연주를 관객에게 제대로 전달하기 위해서도 톤 메이킹에는 세심한 주의를 기울이기 바란다.

저자가 사용하고 있는 Boss GT-10B. 베이스의 원음을 잘 살리면서도 다채로운 사운드를 만들 수 있다.

[몸치] 정확한 타이밍으로 연주하고 있다고 생각하지만, 타이밍이 미묘하게 앞이나 뒤로 어긋나는 경우가 있다. 정확한 리듬감을 갖추기 위해서는 객관적인 귀를 가지는 것이 중요하므로 매일 연주를 녹음해서 들어보도록 하자.

42

총사령관 '빅 보스핸드'의 역습

바쁘게 줄 이동을 하는 보스핸드 태핑

교관의 격언
· 변칙적인 보스핸드에 도전하라!
· 왼손 4번 손가락으로 정확하게 뮤트하자!

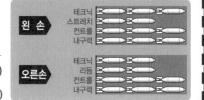

| 왼 손 | 테크닉 / 스트레치 / 컨트롤 / 내구력 |
| 오른손 | 테크닉 / 리듬 / 컨트롤 / 내구력 |

LEVEL

목표템포 ♩=145

모범연주 ⬤TRACK 42 (DISC1)
반주트랙 ⬤TRACK 42 (DISC2)

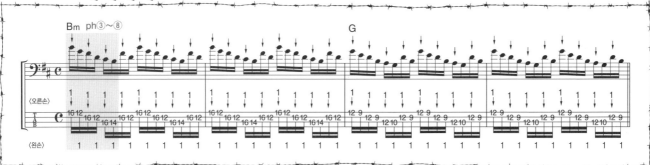

보스핸드 태핑은 왼손의 4번 손가락을 사용해서 4~1번 줄을 뮤트하는 것이 포인트다. 이 프레이즈는 전체적으로 포지션 이동이 격렬하므로 양손의 움직임을 보면서 연주하자. 또한 양손으로 최대한 강하게 지판을 때리는 것도 중요하다.

위의 프레이즈를 연주할 수 없는 사람은 이것으로 수행하라!

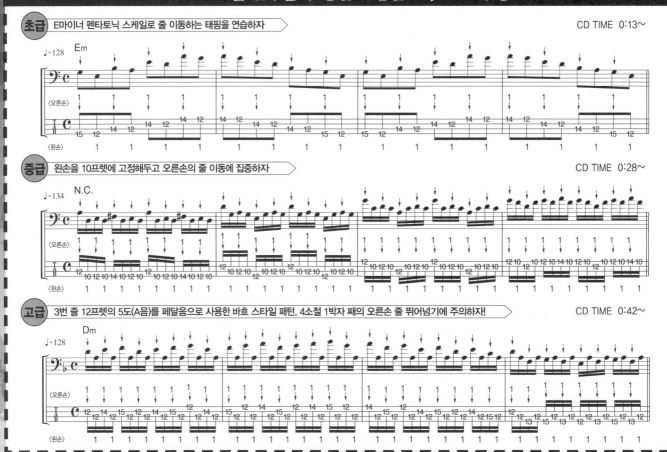

초급 E마이너 펜타토닉 스케일로 줄 이동하는 태핑을 연습하자　　CD TIME 0:13~

중급 왼손을 10프렛에 고정해두고 오른손의 줄 이동에 집중하자　　CD TIME 0:28~

고급 3번 줄 12프렛의 5도(A음)를 페달음으로 사용한 바흐 스타일 패턴. 4소절 1박자 째의 오른손 줄 뛰어넘기에 주의하자!　　CD TIME 0:42~

No.42와 관련해서…PART.1 P.94 [규율을 깨는 피아노맨]을 연주하면 경험치가 급속히 증가한다!

주의점 1   오른손&왼손

피아노를 치듯이 지판을 때려라!
보스핸드 태핑

여기서 다루는 보스핸드 태핑은 왼손을 넥 위쪽으로 돌려 양손으로 지판을 피아노를 연주하듯이 때리는 테크닉이다. 좌우교대로 때려서 소리를 내므로 일반적인 태핑처럼 풀링이나 슬라이드를 사용하지 않는 것도 특징이다. 손가락으로 지판을 때리기 때문에 사운드가 슬랩과 비슷해지므로 베이스만의 독특한 분위기를 낼 수 있을 것이다. 포지션 이동은 가로가 아니라 세로의 움직임이 주류가 되는 것도 포인트이므로 기억해두기 바란다.

실제로 왼쪽 페이지의 엑서사이즈 프레이즈를 연주해보면 보스핸드를 사용하지 않고 일반적인 태핑으로 충분히 연주할 수 있지 않나?하는 의문이 생기는 독자도 있을 것이다. 그럼 어째서 일반적인 태핑을 하지 않는 것일까? 이유는 뮤트 때문이다. 위아래로 격렬하게 줄 이동하는 태핑 프레이즈를 일반적인 폼으로 정확하게 뮤트하면서 연주하는 것은 상당히 힘들다. 하지만, 보스핸드는 사용하지 않는 왼손 4번 손가락이 베이스의 헤드쪽을 향하므로 4번 손가락으로 사용하지 않는 줄을 뮤트할 수 있다(사진①&②). 보스핸드에 익숙해져서 4번 손가락의 뮤트 컨트롤을 자유자재로 할 수 있게 되면, **사운드의 다이내믹스까지 조정할 수 있으므로[주]** 일석이조다! 초, 중, 고급 프레이즈를 활용하면서 우선은 메인 프레이즈의 1소절째를 반복 연습해보자(사진③~⑧).

4번 손가락이 떨어져 있으면 뮤트를 하기 힘들다

4번 손가락을 사용하지 않는 줄에 대서 뮤트할 수 있다

1번 줄 16프렛의 태핑. 오른손은 손가락 2개로 때린다

피아노처럼 왼손 1번 손가락으로 1번 줄 12프렛을 때리자

2번 줄로 이동해서 16프렛을 오른손으로 태핑

마찬가지로 왼손 1번 손가락으로 2번 줄 12프렛을 때린다

그리고 3번 줄 16프렛을 오른손으로 태핑하고

왼손 1번 손가락으로 3번 줄 14프렛을 때린다

주의점 2   이론

포지션을 염두에 두고
손가락을 매끄럽게 움직이자

보스핸드 태핑은 왼손 4번 손가락으로 뮤트를 하기 때문에 음이 깔끔하게 끊어지며, 손가락을 크게 휘두를 수 있어 힘찬 소리를 낼 수 있다. 다만 미스 터치에 대한 대책을 확실히 하지 않으면 노이즈가 발생하기 쉬우므로 주의하자. 메인 프레이즈의 포지션은 오른손은 일정하지만 왼손은 바쁘게 바뀐다(그림1). 우선은 왼손의 포지션을 완전히 숙지하는 것이 중요하다. 그리고 양손 모두 태핑을 할 때마다 줄 이동하므로 손끝과 손목을 신속하게 움직이자. 그러기 위해서는 평소부터 핑거링 능력을 강화해야만 한다.

그림1   메인 프레이즈의 포지션

· 1&2소절 째

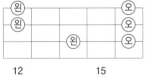

12   15

· 3&4소절 째

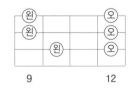

9   12

왼손은 3번 줄만 포지션이 바뀐다는 것을
인식해두면 외우기 쉬울 것이다

[사운드의 다이내믹스까지 조정할 수 있다] 속주는 물론, 프레이즈의 흐름에 맞춰서 뉘앙스를 컨트롤할 수 있어야만 진정한 초절정 베이시스트라고 할 수 있다. 섬세한 표현력도 기르자!

43

격투! 세퍼레이트 스타일

양손이 따로 움직이는 리드믹 태핑

· 양손의 움직임을 정확하게 분리하자!
· 미리 음이 나뉘는 단위를 기억해두자!

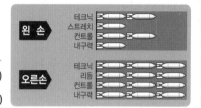

LEVEL 🔫🔫🔫🔫

목표템포 ♩=124

모범연주 TRACK 43 (DISC1)
반주트랙 TRACK 43 (DISC2)

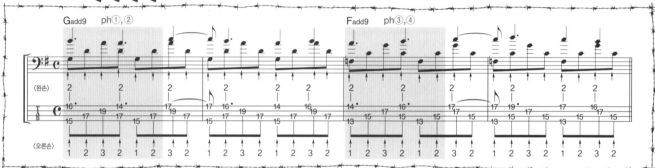

오른손 1번 손가락, 2번 손가락, 3번 손가락으로 코드 태핑을 하면서 왼손으로 멜로디를 연주하는 태핑의 발전형 패턴이다. 오른손과 왼손의 리듬이 다르므로 우선은 한 손씩 연습하는 것이 좋다. 그 후에 양손을 사용해서 프레이즈를 완성시키자!

위의 프레이즈를 연주할 수 없는 사람은 이것으로 수행하라!

초급 왼손은 8분음으로 코드, 오른손은 4분음으로 멜로디를 연주하자   CD TIME 0:15~

중급 왼손이 베이스 라인, 오른손이 2화음을 연주하는 패턴에 도전하자!   CD TIME 0:33~

고급 왼손이 8분음으로 계속 연주하고, 오른손이 싱코페이션하므로 주의하자!   CD TIME 0:48~

No.43와 관련해서···PART.3 P.52 [아름다운 전율을 당신에게···]를 연주하면 경험치가 급속히 증가한다!

주의점 1　오른손&왼손

왼손과 오른손이 다른 리듬을 연주하는 리드믹 태핑

리드믹 태핑이란 왼손과 오른손이 다른 역할을 맡는 특수한 태핑이다. 한쪽 손이 코드와 리듬(코드 아르페지오), 또 다른 손이 멜로디를 연주하기 때문에 왼손과 오른손의 리듬이 달라서[주] 난이도가 높다. 드러머나 피아니스트와 달리 베이시스트는 왼손, 오른손이 다른 리듬을 연주하는 것에 익숙하지 않으므로, 익숙해질 때까지는 한쪽 손의 리듬에 이끌려 양손의 분리를 하기 힘들 것이다. 우선은 오른손과 왼손을 분리해서 연습하는 것이 좋다. 프레이즈를 한손씩 다 외운 다음에 양손을 합쳐서 연습하자(그림1).

그럼, 메인 프레이즈를 한 손씩 설명하겠다. 1&2소절 째는 오른손 1번 손가락이 4번 줄 15프렛(루트음), 2번 손가락이 3번 줄 17프렛(5도), 3번 손가락이 2번 줄 19프렛(9도)을 담당하고 8분음으로 '루트음→5도→9도→5도'의 흐름을 반복한다. 기본적으로 태핑한 손가락은 다음 손가락이 지판을 누를 때까지 줄에서 떼지 않고 음을 늘이는 것이 중요하다. 3&4소절 째는 이 움직임을 유지한 상태로 헤드 쪽으로 2프렛 분량 이동한다(4번 줄 13프렛이 루트음). 1번 손가락, 2번 손가락, 3번 손가락의 간격을 잘 유지하면서 각각이 다른 줄을 태핑하는 것을 잊지 말자.

멜로디를 담당하는 왼손은 2소절씩 나뉜다. 1&2소절 째와 3&4소절 째의 리듬은 같지만 포지션(음정)이 완전히 다르므로 주의하자. 2소절 사이의 리듬은 8분음을 토대로 하면 3음분(점4분음)→3음분(점4분음)→3음분(점4분음)→3음분(점4분음)→2음분(4분음)→2음분(4분음)이 된다. 양손을 사용해서 코드와 멜로디를 능숙하게 연주하자(사진①~④).

그림1　리드믹 태핑의 연주법

① 우선은 오른손만 연습(코드)

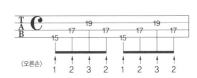

② 다음은 왼손만 연습(멜로디)

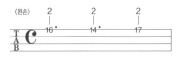

③ 양손을 합친다(리드믹 태핑)

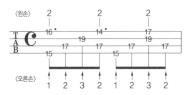

1소절 1박자 째. 오른손으로 코드를 연주하면서

왼손으로 멜로디를 연주하자

3소절 째는 오른손이 헤드 쪽으로 2프렛 이동한다

양손의 움직임을 정확하게 구분하자

주의점 2　오른손&왼손

양손의 역할을 적절히 나눠서 태핑을 연주하자

중급 프레이즈에서는 왼손이 3&4번 줄을 사용해서 베이스 라인, 오른손이 1&2번 줄을 사용해서 코드를 연주한다(사진⑤~⑧). 왼손은 5프렛과 7프렛뿐이지만 줄 이동을 많이 하므로 뮤트가 힘들다. 사운드가 어느 정도 지저분해질 수 있지만 너무 신경 쓰지 말고 프레이즈를 정확하게 연주하기 바란다. 오른손은 2번 손가락으로 1번 줄, 1번 손가락으로 2번 줄을 동시에 태핑한다. 각 소절 모두 1박자 째 앞박자와 2박자 째 뒷박자에 태핑한다. 태핑 후에 음을 4분음으로 늘인 후 바로 8분쉼표를 넣자(쉼표에서는 음을 정확히 멈추는 것이 중요하다). '왼손으로는 펑키한 분위기, 오른손으로는 어택감이 있는 사운드를 연주한다'는 생각으로 연습하자.

중급 프레이즈 1소절 째 1&2번 줄을 동시에 연주한다

이어서 오른손이 11프렛으로 이동한다

2소절 1박자 째에서는 1&2번 줄 12프렛을 태핑한다

다시 11프렛으로 돌아간다. 오른손 뮤트에 주의하자

[왼손과 오른손의 리듬이 다르다] 두 가지 다른 일을 동시에 하는 것은 힘들다. 리듬연주를 담당하는 손을 무의식적으로 움직이게 되므로 한쪽 손의 연습을 집중적으로 하는 것부터 시작해보자.

44

불타올라라! 영혼의 라이트 핸드
제1격

기초 라이트 핸드 엑서사이즈

· 라이트 핸드를 힘차게 연주하자!
· 왼손 손가락 3개를 일정하게 움직이자!

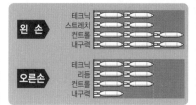

LEVEL 🔫🔫🔫

목표템포 ♩=146

모범연주 TRACK 44 (DISC1)
반주트랙 TRACK 44 (DISC2)

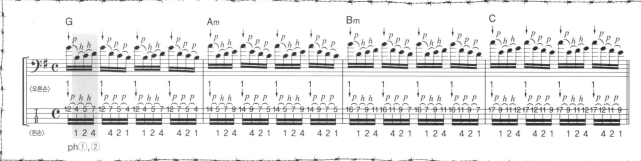

1번 줄만 사용한 기초 라이트 핸드 프레이즈. 정확한 포지션 이동이 포인트이므로 우선은 프레이즈의 포지션(G메이저 스케일)을 확인해두는 것이 중요하다. 해머링과 풀링을 정확하게 연주하면서 레가토를 잘 살리자!

위의 프레이즈를 연주할 수 없는 사람은 이것으로 수행하라!

초급 오른손의 태핑&풀링 후에 왼손의 해머링을 정확하게 연결하자 CD TIME 0:13~

중급 이번에는 오른손의 태핑&풀링 후에 왼손의 풀링을 연결한다. 음이 끊어지지 않도록 주의하자! CD TIME 0:28~

고급 3소절 째부터 나오는 왼손 스트레치(5~9프렛)에 주의하자 CD TIME 0:43~

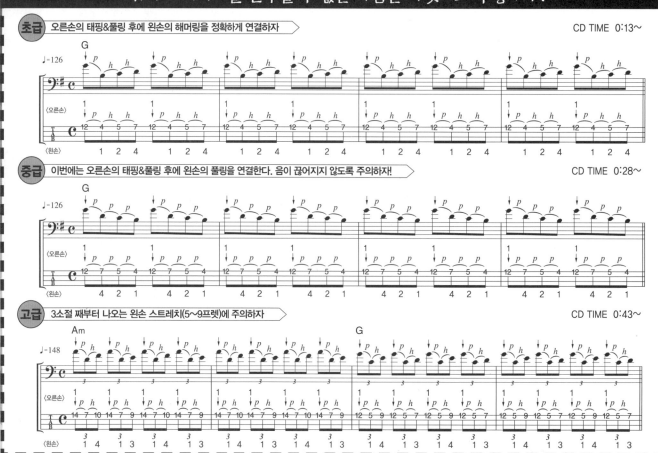

No.44와 관련해서…PART.1 P.86 [영원한 사이드 점프!]를 연주하면 경험치가 급속히 증가한다!

주의점 1　✋ 왼손

왼손의 지판 누르는 힘도 필요한 라이트 핸드 주법

여러 줄을 사용해서 '울림'을 들려주는 태핑에 비해, 라이트 핸드 주법은 하나의 줄 위에서 프레이즈를 전개하므로 '흐름'을 들려주는 테크닉이라고 할 수 있다. 라이트 핸드 주법은 그 이름대로 오른손으로 줄을 때리고, 풀링으로 왼손의 운지로 이어가는 경우가 많다. 기타에 비해 프렛의 간격이 넓은 베이스로 라이트 핸드 주법을 연주하기 위해서는 왼손 1번 손가락, 2번 손가락, 3번 손가락, 4번 손가락의 일정한 움직임과 와이드 스트레치에 대한 정확한 대처(사진①&②)가 중요하다. 아주 기본적인 트레이닝이라도 매일 반복하면 핑거링 능력이 향상되므로 꾸준히 연습하자.

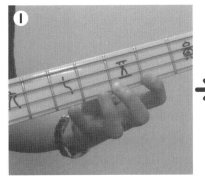
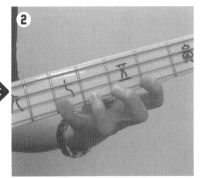

메인 프레이즈 1소절 1박자째의 왼손. 1번 줄 4프렛을 1번 손가락, 5프렛을 2번 손가락, 7프렛을 4번 손가락으로 누른다

일반적인 스트레치와 마찬가지로 7프렛을 4번 손가락으로 눌렀을 때에 4프렛의 1번 손가락과 5프렛의 2번 손가락이 줄에서 떨어지지 않도록 주의하자!

주의점 2　🏷️이론

G메이저 스케일의 1번 줄 포지션을 기억하자

메인 프레이즈는 1소절 1&2박자 째가 기본 패턴이다. 프레이즈의 흐름은 1박자 째가 12프렛을 오른손으로 태핑→풀링으로 4프렛(왼손 1번 손가락)→해머링으로 5프렛(2번 손가락)→해머링으로 7프렛(4번 손가락). 2박자 째가 12프렛을 오른손으로 태핑→풀링으로 7프렛(4번 손가락)→풀링으로 5프렛(2번 손가락)→풀링으로 4프렛(4번 손가락)이 된다. 우선은 이 1소절 1&2박자 째의 움직임을 양손에 확실하게 기억시키자. 2소절 째 이후는 세밀하게 포지션 체인지를 하므로, 미리 G메이저 스케일[주]의 1번 줄 포지션을 머릿속에 기억해 두는 것이 중요하다(그림1).

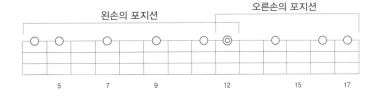

그림1　메인 프레이즈의 포지션　◎토닉(G음)

・G메이저 스케일

왼손의 포지션　　　오른손의 포지션

5　7　9　12　15　17

왼손의 '3음 1세트'를 이해하면 외우기 쉬울 것이다

~칼럼 28~
교관의 칼럼

태핑음의 음량을 크게 하는 효과적인 손가락 사용방법

태핑은 음량이 작아지기 쉬우므로 손가락 사용하는 방법에 아이디어가 필요하다. 메인 프레이즈의 악보를 보면 오른손 1번 손가락으로 연주하라고 표기되어 있지만, 1번 손가락 하나만 사용하는 것이 아니라, 그 위에 2번 손가락을 더해서 두 손가락으로 줄을 때리면 더욱 강력한 사운드를 낼 수 있을 것이다(사진③&④). 이러한 발상은 단지 막연하게 악보를 눈으로 쫓으며 연습해서는 결코 떠올릴 수 없을 것이다. 항상 '더욱 질 높은 플레이를 실현하기 위해서는 어떻게 해야 할 것인가?'를 의식하는 것이 중요하다. 프레이즈에 따라서 적합한 손가락 사용방법을 찾아서 사용하기 바란다.

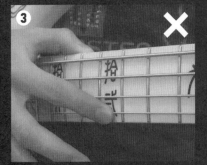
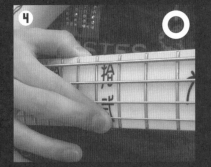

1번 손가락만으로는 태핑음이 작아지기 쉽다

1번 손가락에 2번 손가락을 더하면 줄을 세게 때릴 수 있다

[메이저 스케일] 루트, 2nd, 3rd, 4th, 5th, 6th, 7th의 7음으로 구성된 음계(루트=C의 경우, C음, D음, E음, F음, G음, A음, B음의 7음). 재즈에서 많이 사용되는 모드의 기초가 된다.

45

불타올라라! 영혼의 라이트 핸드
제 2 격

여섯잇단음 고속 라이트 핸드 엑서사이즈

· 오른손 태핑에 왼손 트릴을 추가하자!
· 오른손 두 손가락을 정확하게 구분 사용하자!

LEVEL 🔫🔫🔫🔫🔫

목표템포 ♩=138

모범연주 🎵TRACK 45 (DISC1)
반주트랙 🎵TRACK 45 (DISC2)

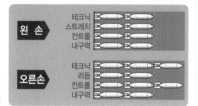

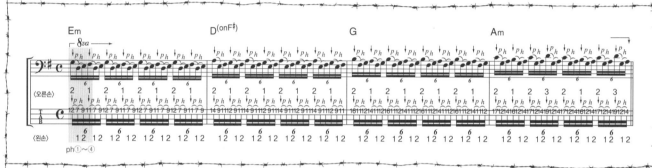

오른손이 바쁘게 움직이는 라이트 핸드의 바리에이션. 여섯잇단음이므로 우선 리듬을 놓치지 않도록 하자. 4소절 째는 스케일 포지션을 정확하게 포착해서 오른손의 세 손가락(1번, 2번, 3번 손가락)으로 스피디하게 태핑을 하자!

위의 프레이즈를 연주할 수 없는 사람은 이것으로 수행하라!

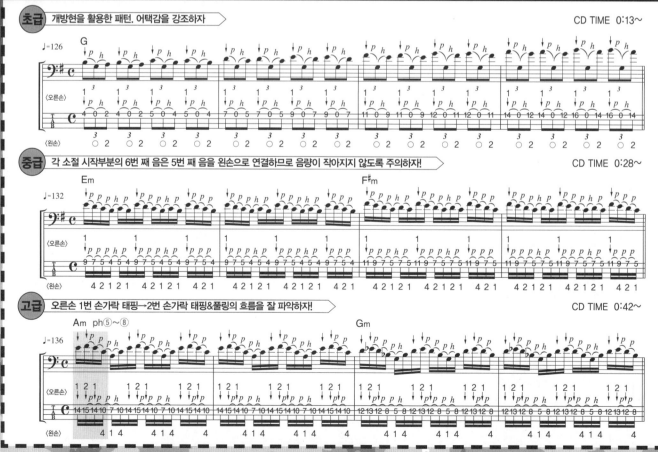

초급 | 개방현을 활용한 패턴. 어택감을 강조하자 → CD TIME 0:13~

중급 | 각 소절 시작부분의 6번 째 음은 5번 째 음을 왼손으로 연결하므로 음량이 작아지지 않도록 주의하자! → CD TIME 0:28~

고급 | 오른손 1번 손가락 태핑→2번 손가락 태핑&풀링의 흐름을 잘 파악하자! → CD TIME 0:42~

No.45와 관련해서…PART.1 P.92 [너, 평범해서는 안 된다!(2)]를 연주하면 경험치가 급속히 증가한다!

주의점 1　오른손&왼손

오른손의 태핑 사이에 왼손의 트릴을 넣자

메인 프레이즈는 1~3소절 째를 1번과 2번 손가락(사진①~④), 4소절 째를 1번, 2번, 3번 손가락으로 태핑하는 특수한 라이트 핸드 주법을 사용한다. 오른손 태핑에서 왼손 풀링&해머링으로 신속하게 전환하면서, 여섯잇단음 프레이즈의 '음의 밀도[주]'를 일정하게 유지하도록 하자. 4분음으로 발을 구르면서 리듬을 유지하고, 8분음 타이밍으로 들어가는 오른손 태핑 사이에 왼손 트릴을 넣는다는 생각으로 연주하자. 많은 반복 연습을 해야만 연주할 수 있는 프레이즈이다. 양손의 순발력을 단련하자.

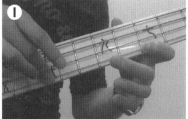
1소절 1박자 째. 오른손 2번 손가락으로 12프렛을 때린다

오른손 풀링으로 7프렛(왼손 1번 손가락)으로 연결한다

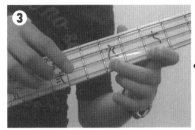
이어서 왼손 2번 손가락으로 9프렛을 해머링

이번에는 오른손 1번 손가락으로 11프렛을 태핑하자

주의점 2　오른손

오른손 두 손가락을 활용하는 레가토 태핑

해머링과 풀링은 피킹을 하지 않고 소리를 내기 때문에 레가토(매끄러움)를 연출할 수 있다. 고급 프레이즈에서는 오른손 손가락 2개로 해머링과 풀링을 연주하는 레가토 태핑을 활용해서 매끄러운 라인을 만들자(사진⑤~⑧). 1소절 안의 음 배열은 16분음 '6음←6음←4음'의 세 블록으로 나뉜다. 각 블록을 시작하는 4음이 레가토 태핑이 된다. 첫 음을 태핑하는 오른손 1번 손가락은 이어지는 2번 손가락의 태핑&풀링이 끝날 때까지 지판을 계속 누르고 있는 것이 중요하다. 그리고 4음 째에서는 1번 손가락 풀링으로 왼손 4번 손가락으로 연결하자. 오른손 1번 손가락과 2번 손가락을 사용해서 음과 음의 연결을 적절하게 하자!

1소절 1박자 째. 오른손 1번 손가락으로 14프렛을 태핑

2번 손가락 태핑 때에 1번 손가락을 줄에서 떼지 않는다

2번 손가락 풀링으로 1번 손가락의 14프렛을 연주하자

이어서 1번 손가락 풀링으로 왼손 4번 손가락으로 연결시킨다

~칼럼 29~
교관의 칼럼

줄 이동을 이용해서 왼손의 부담을 줄이자!
올바른 고속 유니즌 프레이즈를 만드는 방법

베이스와 기타의 유니즌 속주는 초절정 계열 밴드의 매력 중 하나다. 다만 라이트 핸드 프레이즈로 유니즌을 연주할 때에는 주의가 필요하다. 베이스는 기타에 비해 프렛의 폭이 넓으므로 기타와 같은 포지션으로 라이트 핸드 주법을 연주하는 것은 어렵다. 그래서 상하 줄 이동을 이용해서 포지션을 바꾸는 것이 좋다(그림1). 이렇게 하면 왼손의 부담이 줄어들어 라이트 핸드를 빠르고 매끄럽게 연주할 수 있게 된다. 줄 이동을 할 때의 미스 터치에 주의하면서 기타와의 유니즌 속주를 멋지게 연주하자.

그림1　베이스에 적합한 라이트 핸드 포지션

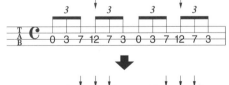

이 스트레치는 기타에서는 연주할 수 있지만 베이스에서는 불가능하다

줄 이동을 사용한 프레이즈로 바꿔서 연주하자!

[음의 밀도] 여섯잇단음 프레이즈에 익숙하지 않은 사람은 설령 1박자 안에 여섯 음을 넣을 수 있어도, 음의 간격이 균등하지 않은 경우가 많다. 파워와 스피드만으로 연주할 것이 아니라 1음 1음의 길이를 일정하게 유지하는 것이 중요하다.

46

불타올라라! 영혼의 라이트 핸드
제3격

여러 줄을 사용하는 고도의 라이트 핸드 엑서사이즈

· 줄 이동을 동반한 라이트 핸드에 도전하자!
· 개방현을 제대로 연주하자!

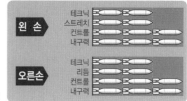

LEVEL 🗡🗡🗡🗡

목표템포 ♩=142

모범연주 🎵TRACK 46 (DISC1)
반주트랙 🎵TRACK 46 (DISC2)

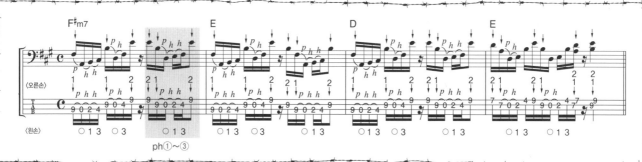

1~3소절 째에서는 16분쉼표의 타이밍과 줄 이동에 주의하자. 오른손은 줄에 따라 태핑하는 손가락이 바뀌므로 주의하자. 4소절 째부터 패턴이 변화해, 오른손 2번 손가락과 1번 손가락의 태핑으로 시작한다. 마지막 2화음까지 긴장을 풀지 말고 달리자.

위의 프레이즈를 연주할 수 없는 사람은 이것으로 수행하라!

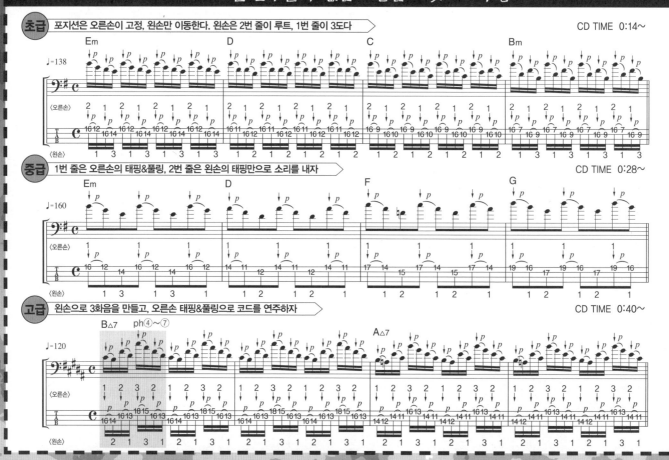

No.46와 관련해서…PART.1 P.88 [이것이 바로 원조의 맛!]을 연주하면 경험치가 급속히 증가한다!

주의점 1　🖐오른손

바쁘게 줄을 이동하는 발전형 라이트 핸드 주법

지금까지 소개한 라이트 핸드 프레이즈는 모두 한 줄로 연주하는 프레이즈였지만, 여기서는 여러 줄을 사용한 패턴에 도전하자. 메인 프레이즈 1소절 째에 사용하는 줄은 1박자 째가 3번 줄, 2박자 째부터 2번 줄, 2박자 째 마지막 음부터 1번 줄로 이동하며, 3&4박자 째에서는 1번 줄과 2번 줄이 된다(사진①~③). 연주할 때 개방현을 섞은 풀링&해머링의 소리가 약해지기 쉬우므로 주의하자. 그리고 오른손의 태핑에 악센트를 주는 것과, 3박자 째 시작 부분에 16분쉼표가 들어가는 것에도 주의하자. 우선 부록CD를 충분히 듣고 프레이즈를 외우는 것이 중요하다. 오른손 1번 손가락과 2번 손가락을 정확하게 구분하면서 줄 이동을 하자!

3박자 1음 째는 2번 손가락으로 1번 줄을 태핑한다

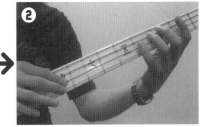
2음 째는 줄 이동을 해서 1번 손가락으로 2번 줄을 때린다

4박자 째 마지막 음은 2번 손가락으로 1번 줄을 태핑한다

주의점 2　🖐오른손

왼손의 코드와 오른손 태핑을 조합해보자

고급 프레이즈는 8분음 타이밍으로 줄 이동을 하기 때문에 코드 태핑에 가까운 라이트 핸드 주법으로 연주한다(코드 아르페지오에 오른손 태핑을 추가한 패턴). 1&2소절 째는 왼손 2번 손가락으로 3번 줄 14프렛, 1번 손가락으로 2번 줄 13프렛, 3번 손가락으로 1번 줄 15프렛을 미리 눌러두고(=B△7[주]를 누른다), 오른손 1번 손가락으로 3번 줄 16프렛, 2번 손가락으로 2번 줄 16프렛, 3번 손가락으로 1번 줄 18프렛, 2번 손가락으로 2번 줄 16프렛을 순서대로 태핑하자(사진④~⑦). 손가락 힘이 약한 오른손 3번 손가락 태핑과 오른손 풀링 소리가 제대로 나지 않을 경우가 많으므로, 오른손의 움직임에 주의하자.

라이트 핸드의 순서. 우선 3번 줄을 1번 손가락으로 때린다

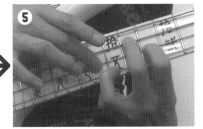
2번 줄을 2번 손가락으로 태핑. 왼손이 떨어지지 않도록!

3번 손가락은 충분히 들어올리자

다시 2번 줄을 2번 손가락으로 때리자!

~칼럼 30~
교관의 칼럼

'지렛대의 원리'를 사용해서 오른손을 안정화시키자! 태핑하는 손가락의 위치 연구

피킹은 줄을 때리는 손가락 끝(작용점), 픽업 위에 올려서 고정하는 엄지손가락(힘점), 보디에 대는 팔(지지점)의 3점으로 이루어진 '지렛대의 원리'가 성립되어야 안정된다. 때문에 팔이 보디에서 떨어지면 음량에 격차가 생기게 되므로 주의하자.

이것은 태핑과 라이트 핸드 주법 모두에 공통적으로 적용된다. 라이트 핸드 프레이즈를 연주할 때, 오른손 엄지손가락을 넥 위에 두고 균형을 잡으면 태핑하는 손가락에도 안정적인 힘을 공급할 수 있을 것이다. 참고로 1번 줄과 2번 줄을 많이 사용하는 라이트 핸드 프레이즈는 엄지손가락을 3번 줄이나 4번 줄 위에 두는데, 이렇게 하면 남은 줄의 뮤트를 동시에 할 수 있다(사진⑧).

라이트 핸드 주법은 태핑 후의 손가락이 이동하는 방향도 중요하다. 예를 들어 오른손 1번 손가락으로 태핑&풀링할 때에는 손가락을 밖이 아니라 몸 쪽으로 움직이는 것이 이상적이다. 이 움직임이 오른손의 회전력과 안정감이 늘어나므로 태핑&풀링음을 더욱 깔끔하게 연주할 수 있을 것이다. 태핑은 초절정 베이시스트의 목표인 '기타 죽이기'를 위한 중요 테크닉 중 하나이므로 이러한 섬세한 포인트들을 심도 있게 연구해보자.

⑧1, 2번 줄에서의 태핑에서는 오른손 엄지손가락을 3, 4번 줄에 둔다. 이렇게 하면 남은 줄의 뮤트도 할 수 있다.

[B△7] 'B메이저 세븐스'라고 읽는다. 구성음은 B(루트음), D#(3rd), F#음(5th), A#음(△7th)이다.

47

불타올라라! 영혼의 라이트 핸드
제4격

특수한 교차식 라이트 핸드 엑서사이즈

· 큰 기술인 '교차식 라이트 핸드'에 도전하자!
· 프렛을 폭넓게 사용하자!

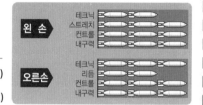

| 왼 손 | 테크닉 · 스트레치 · 컨트롤 · 내구력 |
| 오른손 | 테크닉 · 리듬 · 컨트롤 · 내구력 |

LEVEL 목표템포 ♩=158

모범연주 TRACK 47 (DISC1)
반주트랙 TRACK 47 (DISC2)

가장 트리키한 테크닉인 '교차식 라이트 핸드'이다. 오른손부터 연주하기 시작해서 왼손 연주 때에 오른손이 왼손을 추월해서 팔이 교차하는 형태로 프레이즈를 연결하자. 오른손을 교차시켜서 왼손 4손가락만으로 연주할 수 없는 폭넓은 음역을 사용한 프레이즈를 만들자!

위의 프레이즈를 연주할 수 없는 사람은 이것으로 수행하라!

초급 4분음 타이밍으로 오른손을 천천히 교차시키자   CD TIME 0:12~

중급 보스핸드와 비슷한 뉘앙스로 어택감을 중시한 연주를 목표로 하자   CD TIME 0:23~

고급 오른손 2번 손가락&1번 손가락에 의한 트릴 라이트 핸드를 연습하자!   CD TIME 0:37~

No.47과 관련해서…PART.3 P.54 [포효하는 최강 라이트 핸드]를 연주하면 경험치가 급속히 증가한다!

주의점 1 — 오른손&왼손

오른손과 왼손을 교차시켜서 지판을 폭넓게 사용하자

메인 프레이즈에서는 트리키한 테크닉인 '교차식 라이트 핸드'를 사용한다. 이 주법은 그 이름처럼 오른손과 왼손을 교차시키면서 태핑을 반복하는 테크닉이다(사진①∼④). 실제 흐름은 태핑 프레이즈 도중에 오른손이 왼손을 뛰어넘어 저음부로 옮긴 직후에 왼손이 오른손보다 저음부로 이동하고, 다시 오른손이 왼손을 뛰어넘는 동작을 반복한다. 이처럼 하나의 줄 위에서 지판을 고음부부터 저음부까지 폭넓게 사용하므로 일반적인 라이트 핸드 프레이즈보다 음역이 상당히 넓어진다. 우선은 오른손과 왼손을 교차시키는 것에 익숙해지기 위해서 초급 프레이즈를 사용해 기초 연습을 하자!

1소절 1&2박자 째. 태핑한 1번 손가락은

왼손 풀링 중에 16프렛으로 이동한다

왼손도 풀링으로 오른손에 연결한 후

오른손을 뛰어넘어 14프렛으로 이동한다

주의점 2 — 오른손

오른손의 트릴을 활용하는 초절정 라이트 핸드 주법

빌리 시언으로 대표되는 고속 라이트 핸드 주법은 왼손의 트릴[주] 사이에 오른손 태핑을 신속하게 넣는 테크닉이다. 고급 프레이즈는 이와는 반대되는 방식으로, 오른손 트릴 사이에 왼손 태핑(루트음)을 넣었다. 이 '트릴 라이트 핸드'는 오른손 해머링&풀링의 스피드가 중요하므로, 1번 줄 19프렛을 1번 손가락, 21프렛을 2번 손가락으로 태핑하면서 오른손 풀링 소리가 정확하게 나아한다(사진⑤∼⑧). 오른손 태핑&풀링을 스피디하게 연주하기 위해서는 상당한 연습이 필요하다. 단단히 각오하고 수행하자!

1소절 1박자 째. 우선은 2번 손가락으로 21프렛을 태핑하고

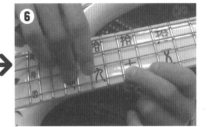
풀링을 한다. 손가락을 줄에 단단히 걸자

이어서 1번 손가락으로 19프렛을 때리자

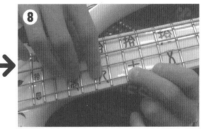
1번 손가락의 풀링도 소리가 약해지지 않도록 주의하자!

~칼럼31~
교관의 칼럼

초절정 베이시스트를 목표로 하는 자에게 저자 MASAKI의 한 마디

악기 연주에 있어서 테크닉이란 '감정을 표현하기 위한 수단'이다. 희노애락이라는 감정을 소리로 표현하기 위해서는 연주에 표정을 주는 테크닉을 익혀야만 한다. 즉 자신의 연주에 '표정'이 다양하면, 그만큼 많은 마음을 전달할 수 있다. 본래 리듬악기인 베이스가 기타에 사용되는 테크닉을 사용할 필요가 있을까? 하는 질문을 자주 받는다. 하지만, 생각해보기 바란다. 어째서 록이 탄생했을까? 록은 기존 음악의 이미지를 파괴하면서 탄생한 것이다. 로커들은 평범한 생활을 하고 싶지 않다! 남과는 다른 일을 하고 싶다는 생각으로 활동하고 있을 것이다. 하지만, 막상 음악을 시

작하면 자신의 베이스 연주를 정해진 역할(리듬을 담당한다)에만 끼워 맞추는 사람이 많다. 상식적인 연주로는 관객들을 깜짝 놀라게 해줄 사운드는 결코 나오지 않는다. 다른 연주자들이 하지 않는 모험을 해야만, 새로운 사운드가 나오는 것이다. 테크니컬 베이시스트를 목표로 하는 여러분은 자신감을 가지기 바란다. 시대는 확실히 움직이고 있다. 여러분의 개성이 다음 세대의 음악을 만들 것이다. '테크닉은 친구'다!

초절정 베이시스트를 목표로 하는 사람은 상식에 얽매여선 안 된다. 항상 모험심을 가지고 활동하자!

[트릴] 해머링과 풀링을 여러 번 반복하는 테크닉. 손가락을 스피디하게 움직이는 것이 중요하지만, 해머링에 비해서 풀링 소리가 작아지기 쉬우므로 손가락으로 줄을 확실하게 할퀴도록 하자.

지옥의 브레이크 타임

많은 장애물이 기다리고 있는 최종목표
이 책의 종합연습곡에 대해서

이 책은 '입대편'이기 때문에 종합연습곡의 수준도 약간 쉽게 설정했다. '그게 내 첫 사랑이었다… 지옥'(초급 종합연습곡)은 스트레이트한 8비트 플레이가 테마이므로 핑거링이 비교적 간단하다. 그런 만큼 오른손에 집중하면서 그루브를 살릴 수 있는 피킹을 마스터하기 바란다.

'자욱한 연기 속의 지옥탕'(중급 종합연습곡)에서는 섹시한 멜로디 연주에 도전하자. 업 템포의 셔플이므로 리듬이 흐트러지기 쉽지만, 끝까지 완주하는 것이 중요하다.

'지옥에 피는 꽃'(고급 종합연습곡)은 최종연습곡답게 게스트 뮤지션들을 초대해서 스튜디오에서 녹음을 했다. 드럼에 LUNA SEA의 신

야, 기타에 요코제키 아츠시이다. 둘 다 개성 넘치는 연주를 들려주었다. 3핑거와 태핑, 슬랩 등 MASAKI 테크닉이 곡 전반에 걸쳐 등장하므로 테크니컬한 연주의 효과적인 사용방법을 배워보기 바란다. '카피를 잘하는 연주자'가 아니라 '오리지널리티가 있는 연주자'를 목표로 삼고 연습하자!

지옥 시리즈의 종합연습곡에는 매번 저명한 뮤지션이 참가하고 있다. 이번에는 신야와 요코제키 아츠시가 멋진 연주를 해주었다

'지옥에 피는 꽃' 레코딩 스태프

Guitar : ATSUSHI YOKOZEKI
Drums : SHINYA

Producer :
YORIMASA HISATAKE (MIT GATHERING / IRON SHOCK)

Recording & Mixing Engineer :
ATSUSHI YAMAGUCH (MIT STUDIO)

Recording & Mixing Studio : MIT STUDIO

The Inferno 5

전격

지옥섬에서 대탈출

[종합연습곡]

지옥 베이시스트로서 고군분투를 해온 제군들! 이것이 최종 미션이다.
'초급, 중급, 고급'의 3가지 레벨로 나눠진 3곡의 종합연습곡이 제군들의 도전을 기다리고 있다.
한 곡을 처음부터 끝까지 연주할 수 있을까?
아니면 도중에 연주를 멈추고 쓰러질 것인가?
베이시스트로서의 모든 능력을 발휘해서 3개의 거대한 목표를 공략하자!
자, 베이스를 잡고 지금 바로 출격하자.

48

그게 내 첫 사랑이었다… 지옥

초급 종합연습곡

· 1곡을 완주하는 능력을 길러라!

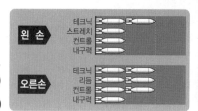

LEVEL

모범연주 TRACK 48 (DISC1)
반주트랙 TRACK 48 (DISC2)

목표템포 ♩=124

Intro.1

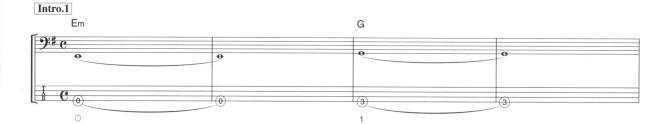

Intro.2

0:19

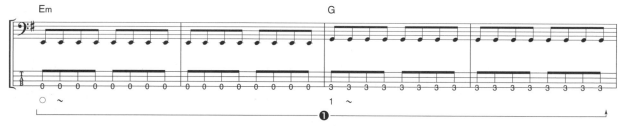

❶ 1핑거 8비트 연주. 뮤트를 하지 않고 피킹하자 ⋯⋯⋯⋯⋯⋯⋯⋯⋯⋯⋯⋯⋯⋯⋯⋯⋯ 이것을 연주할 수 없는 사람은 **P.10으로 GO!**
❷ 2핑거 프레이즈. 줄 이동에 주의하자! ⋯⋯⋯⋯⋯⋯⋯⋯⋯⋯⋯⋯⋯⋯⋯⋯⋯⋯⋯⋯ 이것을 연주할 수 없는 사람은 **P.18로 GO!**

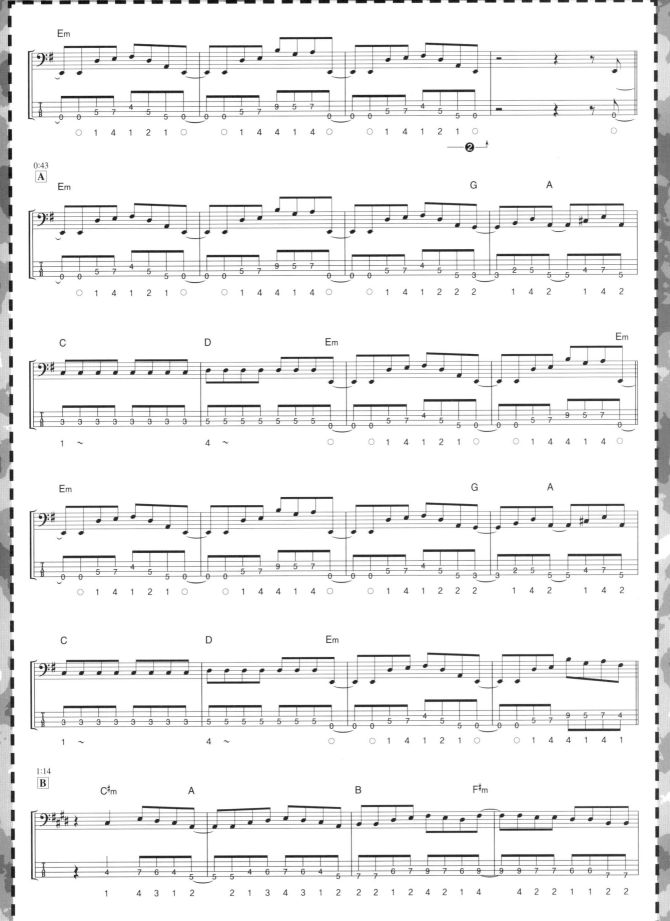

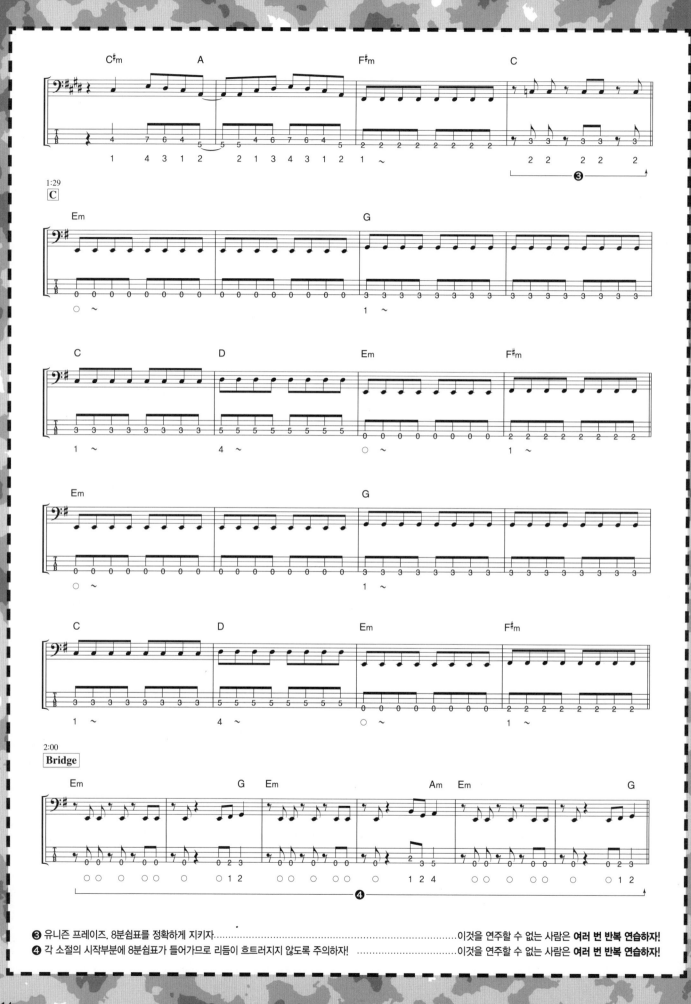

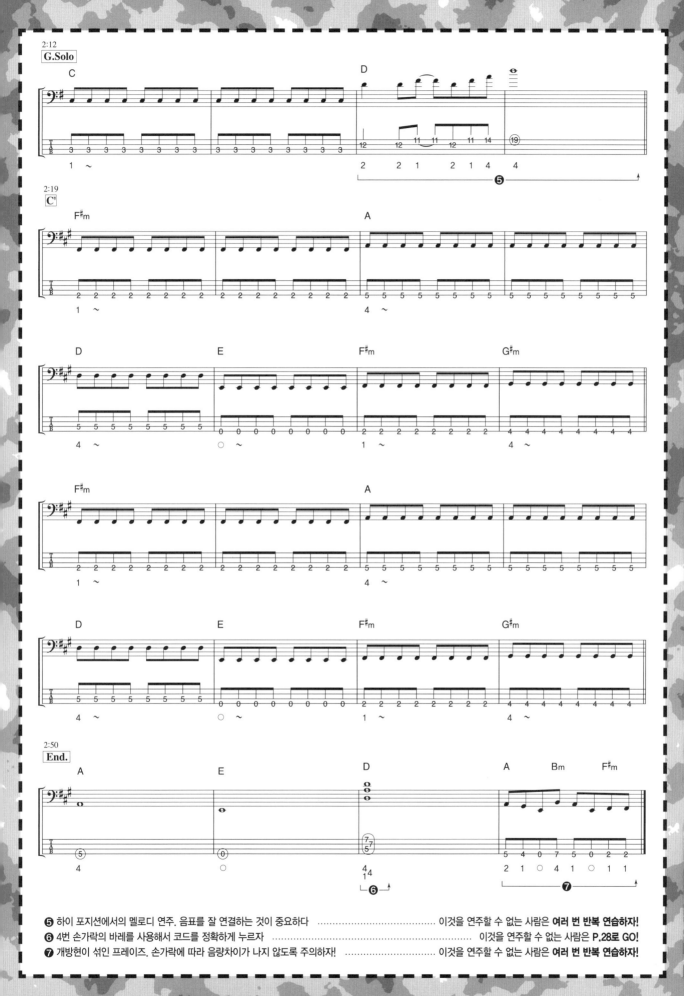

❺ 하이 포지션에서의 멜로디 연주. 음표를 잘 연결하는 것이 중요하다 ·· 이것을 연주할 수 없는 사람은 **여러 번 반복 연습하자!**

❻ 4번 손가락의 바레를 사용해서 코드를 정확하게 누르자 ··· 이것을 연주할 수 없는 사람은 **P.28로 GO!**

❼ 개방현이 섞인 프레이즈. 손가락에 따라 음량차이가 나지 않도록 주의하자! ·············· 이것을 연주할 수 없는 사람은 **여러 번 반복 연습하자!**

49

자욱한 연기 속의 지옥탕

중급 종합연습곡

 · 속주를 완벽하게 공략하자!

LEVEL

모범연주 TRACK 49 (DISC1)
반주트랙 TRACK 49 (DISC2)

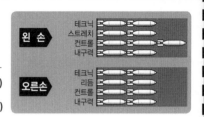

목표템포 ♩=198

❶ 하이 포지션에서의 멜로디 연주. 기타와의 유니즌이므로 리듬을 정확하게 맞추자 ···이것을 연주할 수 없는 사람은 **여러 번 반복 연습하자!**

❷ 4～1번 줄을 사용한 하모닉스 플레이. 2박자 셋잇단음 리듬에 주의하자!···이것을 연주할 수 없는 사람은 **여러 번 반복 연습하자!**

❸ 4비트에 의한 워킹 베이스. 헤비한 느낌으로 연주하자 ···이것을 연주할 수 없는 사람은 **여러 번 반복 연습하자!**

④ 개방현이 섞인 2박자 셋잇단음 프레이즈. 왼손을 원활하게 움직이자! .... 이것을 연주할 수 없는 사람은 **여러 번 반복 연습하자!**

⑤ 멜로디 연주. 그루브에 주의하자! .... 이것을 연주할 수 없는 사람은 **P.24로 GO!**

⑥ 라이트 핸드 프레이즈. 해머링과 풀링 소리가 약해지지 않도록 주의하자! .... 이것을 연주할 수 없는 사람은 **P.102로 GO!**

⑦ 유니즌 리프이므로 기타와의 일체감을 내자 .... 이것을 연주할 수 없는 사람은 **여러 번 반복 연습하자!**

⑧ 더블 스톱, 2번 손가락의 바레를 정확하게 하자 ·· 이것을 연주할 수 없는 사람은 **P.28로 GO!**

⑨ 기타와의 유니즌이므로 호흡을 잘 맞추자 ·· 이것을 연주할 수 없는 사람은 **여러 번 반복 연습하자!**

⑩ 셔플 리듬의 독특한 느낌을 잘 살리자 ·· 이것을 연주할 수 없는 사람은 **P.24로 GO!**

⑪ 개방현을 사용한 라이트 핸드 프레이즈. 다른 악기에 베이스 소리가 묻히지 않도록 주의하자! ····················· 이것을 연주할 수 없는 사람은 **P.102로 GO!**

50

지옥에 피는 꽃

고급 종합연습곡

· 이것이 마지막 시련이다. 목숨을 걸고 도전하라!

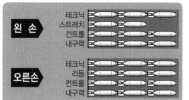

LEVEL

모범연주 🖱 TRACK 50 (DISC1)
반주트랙 🖱 TRACK 50 (DISC2)

목표템포 ♩ = 154

❶ 3핑거+2핑거의 혼합 피킹. 피킹 패턴의 전환에 주의하자! .... 이것을 연주할 수 없는 사람은 **P.66으로 GO!**

❷ 1번 손가락 레이킹을 사용한 기타와의 유니즌 프레이즈. 쉼표에 주의하자 .... 이것을 연주할 수 없는 사람은 **P.60으로 GO!**

❸ 코드 주법. 바레를 정확하게 하자! .... 이것을 연주할 수 없는 사람은 **P.28로 GO!**

❹ 왼손 루트의 멜로딕 태핑. 루트음이 사라지지 않도록 주의하자 .... 이것을 연주할 수 없는 사람은 **P.88로 GO!**

❺ 오른손 루트의 멜로딕 태핑. 오른손 3번 손가락의 태핑이 제대로 울리게 하자 .... 이것을 연주할 수 없는 사람은 **P.90으로 GO!**

❻ 풀링과 슬라이드를 사용한 펜타토닉 프레이즈. 자연스러운 분위기로 연주할 수 있도록 연습하자!...... 이것을 연주할 수 없는 사람은 **여러 번 반복 연습하자!**

❼ 퍼커시브 태핑. 1음 1음 타이트하게 연주하자.. 이것을 연주할 수 없는 사람은 **P.94로 GO!**

❽ 리드믹 태핑. 왼손으로 루트음을 연주하면서 오른손으로 코드 톤을 연주하자!..................... 이것을 연주할 수 없는 사람은 **P.100으로 GO!**

❾ 3핑거로 16분음을 연주하면서 기타와의 타이밍을 정확히 맞추자............................... 이것을 연주할 수 없는 사람은 **P.58로 GO!**

⑩ 슬랩 프레이즈. 그루브를 잘 살릴 수 있도록 해머링에 주의하자 ·· 이것을 연주할 수 없는 사람은 **P.42로 GO!**

⑪ 3핑거로 트레몰로 프레이즈. 박자 시작부분의 악센트음을 또렷하게 연주하자 ···························· 이것을 연주할 수 없는 사람은 **P.58로 GO!**

⑫ 풀링&해머링을 사용하는 레가토. 줄 이동을 매끄럽게 하자 ···이것을 연주할 수 없는 사람은 **여러 번 반복 연습하자!**

⑬ 오른손 루트의 멜로딕 태핑. 코드를 제대로 울리게 하자 ·· 이것을 연주할 수 없는 사람은 **P.90으로 GO!**

⑭ 왼손 루트의 멜로딕 태핑. 슬라이드에서 음이 끊어지지 않도록 주의하자! ·································· 이것을 연주할 수 없는 사람은 **P.88로 GO!**

객관적인 시점을 가지는 것이 포인트！
이 책의 올바른 연습방법

독자 중에는 반주 음원이나 메트로놈을 사용하지 않고 이 책의 프레이즈를 연습하는 사람도 있을 것이다. 그런 식으로 연습하면 프레이즈를 연주할 수 있게 되더라도 진정한 의미로 테크닉을 마스터했다고 할 수 없다. 반주 음원을 사용하고, 자신의 연주를 녹음해서 확인해봐야만 비로소 지옥 테크닉을 익혔다고 할 수 있는 것이다. 자신의 연주를 녹음해서 다시 들어보면 노이즈가 들리거나, 연주가 정확하지 않다는 것을 깨닫게 되는 경우가 많다. 사실은 필자 자신도 이 책의 녹음작업을 하며 생각지도 못했던 고생을 했다. 이번 연습곡들은 템포가 느리고 연주를 하지 않는 부분이 많아서, 지금까지의 지옥 시리즈에서 다룬 빠른 프레이즈에 비해 노이즈가 부각되기 쉬웠다. 그

래서 사용하지 않는 줄의 뮤트에 세심한 주의를 기울였다. 매일 연습하면서 자신의 연주를 녹음하는 과정을 추가하면, 자신의 문제점을 깔끔하게 파악할 수 있을 것이다. 어쩌면 자신의 낮은 실력을 깨닫고 큰 충격을 받을 수 있다. 하지만, 자신의 개선점을 이해하면 효율적으로 레벨업을 할 수 있게 된다. 이 책은 '입대편'이지만 그리 쉽게 공략할 수 있는 책은 아니다. 반주 음원과 MIDI 파일을 활용하면서 착실하게 실력을 향상시키자.

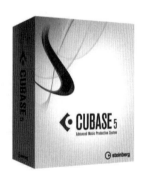

필자가 레코딩에 사용한 DAW소프트웨어 CUBASE 5.
최근에는 PC를 사용한 저예산 레코딩이 가능하다.

지옥의 전장에서 귀환한 그대에게
~맺음말~

독자 여러분은 자신 이외의 베이스 연주자들을 어떤 시점으로 보고 있는가? 엄격한 비평가가 된 기분으로 연주자의 실수를 찾고 있지는 않는가? 음악은 원래 연주하는 사람과 듣는 사람이 동시에 즐기는 것이지 채점하는 것이 아니다. 하지만, 테크닉에 대한 의존도가 높아지면 음악을 '수학'처럼 점수로 채점하기 쉽다. 스포츠 선수는 높은 기술력이 중요하다. 승부에서 1위를 차지하면 올림픽 등의 큰 대회나 프로 세계로의 길이 열린다. 하지만, 음악에서는 '마음'이 중요하다. 연주자 자신이 음악을 즐기지 못한다면, 관객의 '마음'을 잡을 수 없을 것이다. 그렇기 때문에 비평가가 아니라 애호가가 되기 바란다.

이 책에서 다루고 있는 멀티 핑거와 태핑 등의 테크닉은 매우 고도의 테크닉이다. 따라서 아무리 쉬운 수준으로 설명해도 테크닉 자체의 수준이 높다. 하지만, 이 책을 통해서 모두가 초절정 플레이를 마스터하는 스타트 지점에 서서 자기 나름대로의 골인지점에 도달할 수 있게 된다면 저자로서는 큰 기쁨일 것이다.

모두에게 꿈이 있을 것이다. 꿈을 가지고 있는 것만으로도 큰 재산이다!

저자 프로필

MASAKI

1993년, Jacks `N' Joker(BMG빅터)에 가입해서 프로로 데뷔했다. 해산 후에
SHY BLUE(SONY 레코드)를 거쳐서, 1997년에 애니메탈(SONY~에이백스~
VAP)에 참가했다. 애니메탈이 큰 히트를 쳐서 선풍을 일으킨다. 같은 시기에
핑크 레이디의 mie(未唯)를 맞이하여, 애니메탈 레이디의 활동도 전개하였다.
2002년부터는 전 聖飢魔II(세이키마츠)의 루크 타카무라, 라이덴 유자와 와
함께 트리오 밴드 CANTA(VAP)를 결성했다. 세션 활동도 활발하여 레코딩에서는
모닝무스메, 후지모토 미키, 우에토 아야, 아이카와 나나세, 마티 프리드먼,
AKB48, 라이브에서는 카마인 어피스, 존 페트루치 등의 해외 아티스트.
TV에서는 톤네루즈(とんねるず), 오오에 센리 등 다양하다. 솔로 앨범도
1999년에 사쿠라이 테츠오, 스가누마 코우조우, 이가라시 코우타, 니시야마
타케시 등과 〈MODERN DAY CROSSOVER〉(토쿠마 재팬)를 냈으며, 2006년에
T.M.스티븐스, 히구치 무네타카, 라이덴 유우자와, 진보 아키라, 소우루 토오루,
하세가와 코우지, KATSUJI, 쥰지, 야마모토 쿄우지, 마티 프리드먼, 루크
타카무라, DAITA, CIRCUIT.V.PANTHER, YUKI, Syu 등과 〈UNIVERSAL
SYNDICATE〉(에이백스)를 발표하였다. 현재에는 교본 〈지옥의 메커니컬
트레이닝〉의 필자들이 결성한 밴드 '지옥 콰르텟' 에서도 활동 중이다.

저자 홈페이지 : http://www.masaking.com/

지옥의 계보 초절정교본 〈지옥시리즈〉의 라인업

─ 기타편 ─

교본 (부록:CD)

〈지옥의 메커니컬 기타 트레이닝 ①〉

〈지옥의 메커니컬 기타 트레이닝 ②〉
'사랑과 열반의 테크닉 강화편!!'

악보집 (부록:CD)

〈지옥의 메커니컬 기타 트레이닝 ③〉
'폭주하는 클래식 명곡편!!'

교본 (부록:CD)　교본 (부록:DVD)　악보집 (부록:CD)

〈지옥의 메커니컬 기타 트레이닝 ④〉
'입대편'

〈지옥의 메커니컬 기타 트레이닝 ⑤〉
'스위트홈 TV에서 경악의 DVD편'

〈천국의 메커니컬 기타 트레이닝〉
'영원의 명곡편'

─ 드럼편 ─

교본 (부록:CD)　교본 (부록:DVD)

〈지옥의 메커니컬 드럼 트레이닝 ①〉

〈지옥의 메커니컬 드럼 트레이닝 ②〉
'스피드의 극을 달려라! 광속의 DVD편'

─ 보컬편 ─

교본 (부록:CD)

〈지옥의 메커니컬 보컬 트레이닝 ①〉

─ 베이스편 ─

교본 (부록:CD)　악보집 (부록 : CD)　교본 (부록:DVD)　교본 (부록 : CD)

〈지옥의 메커니컬 베이스 트레이닝 ①〉

〈지옥의 메커니컬 베이스 트레이닝 ②〉
'파괴와 재생의 클래식 명곡편'

〈지옥의 메커니컬 베이스 트레이닝 ③〉
'흉악 DVD로 강림! 마신의 침략편'

〈지옥의 메커니컬 베이스 트레이닝 ④〉
'입대편'

모든 계급
모든 계급 대상

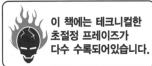
이 책에는 테크니컬한
초절정 프레이즈가
다수 수록되어있습니다.

지옥의 메커니컬 베이스 트레이닝
입대편

2012년 1월 30일 발행
2025년 3월 1일 개정판 1쇄 발행

지은이 | MASAKI
펴낸이 | 하성훈
펴낸곳 | 서울음악출판사
주소 | 서울시 서초구 반포대로 22길 85 에덴빌딩 3층
전화 | 편집부/02-587-5157 · 영업부/02-587-5158
인터넷 홈페이지 | www.srmusic.co.kr
등록번호 | 2001-000299 · 등록일자 | 2001년 4월 26일

편집 | 이종훈, 한영민
번역 | 신동수
본문디자인 | 정봉재, 양은주

값 18,000원
ISBN 979-11-6750-079-3